「Goal」から始まる！

すぐやる、すぐできる人の実践PDCA

ぱる出版

ようするに、幸せになる方法《メソッド》なんです

ＰＡＲＴ０　計画も、振り返りもない仕事は、今日で終わり！

ＰＡＲＴ１　……　ＰＤＣＡがビジネスと人生を変える

PART 5 PDCAの達人になる十か条

Plan

とりあえず、このサイクルを押さえましょう

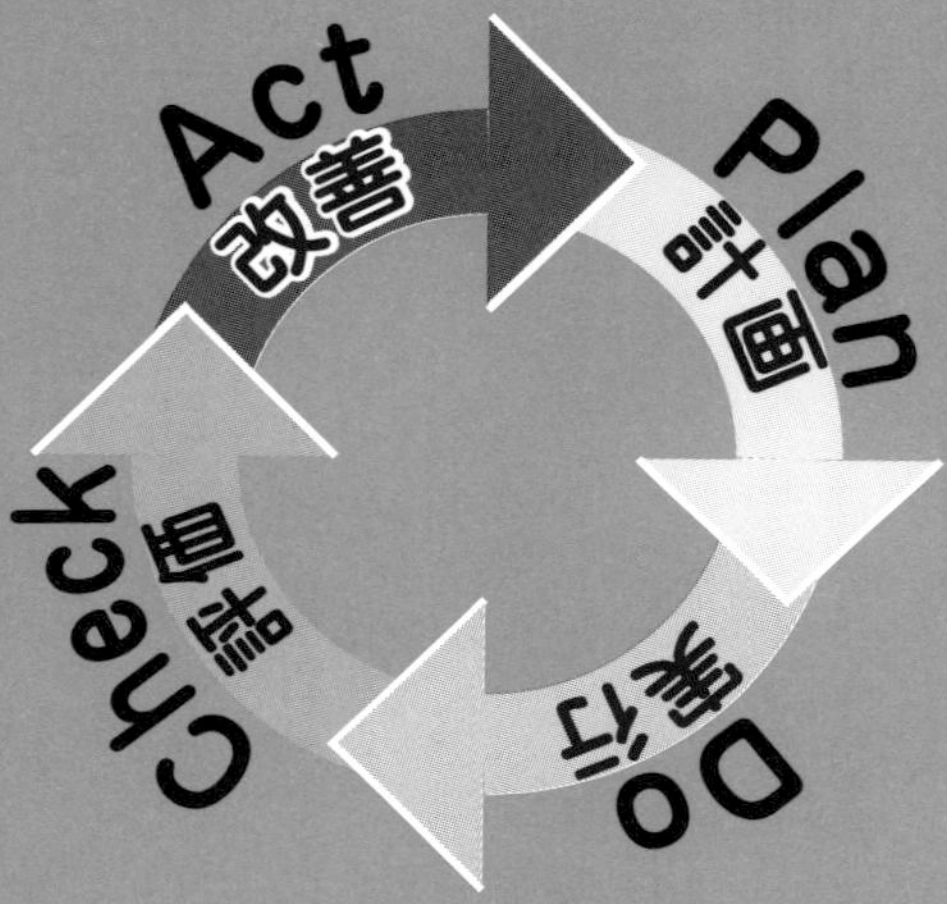

PART 0

計画も、振り返りもない仕事は、今日で終わり！

ＰＤＣＡへようこそ／ＰＤＣＡがビジネスと人生を左右する／ＰＤＣＡが連呼される不思議／私がＰＤＣＡのコツを掴むまで／メソッドの確立が成功のコツ／自分に合ったメソッドに意味がある

●ＰＤＣＡへようこそ

「ＰＤＣＡをしっかり回して売上目標を達成しよう」

「ＰＤＣＡがビジネスで成功するカギだ」

職場で何度となく耳にするＰＤＣＡ。

Ｐｌａｎ計画・Ｄｏ実行・Ｃｈｅｃｋ評価・Ａｃｔ改善の略です。

数あるビジネス書の中から本書を手にした皆さんは、次のいずれかの関心をお持ちでしょう。

☑ ＰＤＣＡが回らず、なかなか仕事の成果が上がらない

☑ もっとうまくＰＤＣＡを回して、より大きな成果を実現したい

☑そもそもＰＤＣＡについて知りたい

本書は、こうした関心をお持ちの皆さんに、ＰＤＣＡを回して思い通りの成果を手に入れる方法をお伝えします。

●ＰＤＣＡがビジネスと人生を左右する

ＰＤＣＡは、ビジネスで成果を実現する上で有効な技法です。

トヨタに代表されるように、うまくＰＤＣＡが回っている企業は、成長・発展します。逆に、ＰＤＣＡが回っていない企業は、簡単に行き詰まってしまいます。

企業だけではありません。事業、職場、そして個人でも同じです。

思い通りの成果を手に入れているビジネスパーソンは、ほぼ例外なくＰＤＣＡを的確に実践しています。ＰＤＣＡを実践できない人は、大きな成果を手に入れることができません。

ビジネスだけではありません。趣味・スポーツ・資産運用など、成果と関係するあらゆることにＰＤＣＡがかかわってきます。

成果だけではありません。自分自身が成長するかどうかも、ＰＤＣＡで決まってきます。

ＰＤＣＡを回して良い仕事をすることで、仕事のスキルが定着するとともに、応用力が高まります。そして、大きな成果を実現することで、何より大きな自信が得られます。
ＰＤＣＡがビジネスの、そして人生の成否を左右するのです。

ＰＤＣＡが連呼される不思議

ＰＤＣＡが日本に持ち込まれたのは、戦後間もない１９５０年のこと。ずいぶん昔の話ですね。以来ビジネスの関係者はずっとＰＤＣＡに取り組み、ＰＤＣＡについて語ってきました。会社では上司が口を酸っぱくして「ＰＤＣＡだ！」と連呼しています。

書店の棚には、本書だけでなく、ＰＤＣＡを解説する書籍が並んでいます。

もちろん、それだけＰＤＣＡが重要だということです。ただ、ＰＤＣＡが簡単に実行できるなら、延々と大騒ぎする必要はないはずです。いつまで経ってもＰＤＣＡが問題になるのは、ＰＤＣＡを実行して成果を実現している人は少ないということの裏返しと言えるでしょう。

現実にビジネスの現場では、「ＰＤＣＡで成果が上がった！」と喜ぶ声や「ＰＤＣＡは素晴らしい！」を称賛する声よりも、ＰＤＣＡに対する不満やフラストレーションをより多く耳にします。

「ＰＤＣＡが大切だと言われて取り組んでいるが、どうもしっくりこない」

「きちんとＰＤＣＡをやっているつもりだが、成果を実感できない」

「本にＰＤＣＡは簡単って書いてあったけど、めちゃ難しいじゃん」

私がＰＤＣＡのコツを掴むまで

ここで、自己紹介を兼ねて私のこと。

私は、大学卒業後に日本石油（その後合併を繰り返し、現在はＪＸＴＧ）という会社に入社し、14年間勤務した後、２００２年に独立してコンサルティング事務所を開業しました。

石油会社勤務時代には、４年間、会社全体のＰＤＣＡを管理する経営企画部門に所属していました。ＰＤＣＡの専門家と言えましょう。

ただ、正直なところ、上司から指示されてやっているだけで、ＰＤＣＡにあまり関心はありませんでした。ましてや、プライベートや家庭生活にまでＰＤＣＡを適用しようという気は毛頭ありませんでした。

しかし、独立開業をして、この考えが大きく変わりました。

自分の事業を経営するのに、目標・計画なしでは済まされません。まして、経営コンサルタントとしてお客様に経営の進め方をアドバイスする手前、ＰＤＣＡを実践していないというのはばつが悪い。最初は、効果は半信半疑で、やや義務的にＰＤＣＡを始めました。

開業後、コンサルティング・プロジェクト、ビジネス書の執筆、研修などでPDCAを回してみました。また、個人投資家として株式投資でもPDCAを回しました。

何回か試行錯誤でPDCAを回しているうちに、ある違いに気づきました。真剣にルールを決め、綿密な計画を作ってきちんと実行した場合は、大きな成果が出ました。逆にいい加減なルール、いい加減な計画、いい加減な実行の場合は、期待通りの成果が出なかったのです。

独立開業してから15年たち、成功と失敗を繰り返しました。また、コンサルティングのお客様や同業のコンサルタントの成功・失敗を目の当たりにしてきました。その中から、PDCAを回して思い通りの成果を手に入れる〝コツ〟が明確に掴めてきたのです。

メソッドの確立が成功のコツ

PDCAを回して成果を実現する〝コツ〟とは何でしょうか。

さまざまなコツがあります。その中で私が最も大切だと感じるのは、「メソッド（管理方法）を確立すること」です。

詳しくはPART2で解説しますが、メソッドとは、PDCAのプロセスを管理する仕組みのことで、管理の手順・ルール・計測方法・記録方法などの総称です。

よく世間では、メソッドよりもマインドが強調されます。意志の強さ・粘り強さ・忍耐力・やる気・根性などです。

「PDCAで成果が出ないのは、意志の強さと忍耐力が足りないからだ」

「君のその心掛け、そのやる気ではPDCAが回らないよ」

しかし、これは間違っています。

たしかに意志が強い弱いで言うと、強い方が望ましいに決まっています。忍耐強い方が良いに決まっています。

ただ、意志が強ければ万事OKかというと、そうではありません。どんなに強固な意志を持った人でも、適切なメソッドでPDCAを実行しなければ、成果を実現できません。

逆に、少しくらい意志が弱い人でも、適切なメソッドでPDCAを実行すれば、かなりの確率で思い通りの成果を手に入れることができます。

マインドよりもメソッドなのです。

自分に合ったメソッドに意味がある

ここで大切なのは、自分に合った適切なメソッドを確立することです。

よく、上司・ビジネス書作家・コンサルタントは、過去に自分が実践し、成功したメソッドを勧めます。あるいは、押し付けようとします。

「大学ノートに毎日5分間手書きで記録を付けよう」

しかし、鉛筆でものを書く習慣がない若者にとって、たった5分でも手書きで記録を付けるのは相当な苦痛でしょう。

「スマホのスケジュール帳を使って管理しよう」

私のように通話・メール・検索くらいしかスマホを使わないオジサンにとって、スマホでスケジュール管理するのは、不便以外の何物でもありません。

メソッドに絶対の正解や必勝法はありません。逆に、絶対の不正解もありません。ある人が成功したお勧めのメソッドも、別の人にはまったく効き目がなかったりします。

結局、どういうメソッドでどうＰＤＣＡを回すかは、自分なりに考え、自分なりのものを確立するしかないのです。

本書は、ＰＤＣＡのメソッドを確立し、ＰＤＣＡを回して成果を実現するための考え方・ノウハウを紹介します。

ＰＤＣＡを回すには、色々な考え方・ノウハウ、あるいはコツがあります。知ると知らないとでは、大きく差が出てきます。とくに、類書では軽視されている、自分なりのメソッドを確立する方法を詳しく紹介します。

私はコンサルタントとして多くの人がＰＤＣＡを回して思い通りの成果を手に入れるのを見てきました。ＰＤＣＡで人生が大きく変えた人を見ました。

ＰＤＣＡでビジネスを、そして人生を変えましょう。成功の扉は皆さんの目の前に開いています。

Do

PART

1

ＰＤＣＡがビジネスと人生を変える

1　ＰＤＣＡって何だろう？／2　ＰＤＣＡと成功の深い関係／3　どういう場合にＰＤＣＡが必要なの？／4　ＰＤＣＡの厳しい現実／5　ＰＤＣＡを習慣化しよう／6　メソッドが習慣化のカギ／7　ＰＤＣＡでビジネスと人生を変えよう

PART1のサジェスチョン

PDCAとはそもそも何でしょうか。

どうして「PDCAが大切だ!」と言われるのでしょうか。

このPARTでは、PDCAの内容、大切な理由、PDCAの限界などを確認します。

大きな困難な目標を達成してビジネスや人生を変えたいなら、PDCAの実践は必須です。

1 ＰＤＣＡって何だろう？

●ＰＤＣＡが回らない！

仕事をしていると、ＰＤＣＡという言葉をたびたび耳にします。

年の初めや期の初めに経営者・マネジャーは、ＰＤＣＡという言葉を使ってメンバーに指示・命令します。

「しっかりＰＤＣＡを回して売上高８％増の目標を達成しよう！」

「基本に立ち返ってＰＤＣＡを実践することが、わが社が再生するポイントだ！」

仕事がうまく行ったとき、行かなかったとき、ＰＤＣＡという言葉を使って状況を分析・説明します。

「ＰＤＣＡがうまく回って、期待通りの成果を上げることができた！」

「ＰＤＣＡが回っていないから、君たちの仕事はダメなんだ！」

とくに、仕事がうまく行かず、期待した成果が出なかったとき、ＰＤＣＡのあり方が問題になります。

●PDCAってそもそも何？

何度も口にするPDCA、何度も耳にするPDCA。

そもそもPDCAとは何でしょうか。

PDCAは、Plan計画・Do実行・Check評価・Act改善の頭文字で、業務を管理する代表的なプロセス技法です。

①Plan計画：ある業務について目標と計画を立てます。
②Do実行：Planに基づいて業務を実行します。
③Check評価：計画通りに業務が行われているかどうか評価し、原因を究明します。
④Act改善：原因に対して、対応策を実施し、改善します。

ちなみに、日本ではAをActionとすることが多いようですが、すべて動詞で統一するので、正しくはActです。

PDCAは一回きりのプロセスではなく、左ページの図のように改善した結果を次の計画作りに生かすので、PDCAサイクルと呼ばれます。

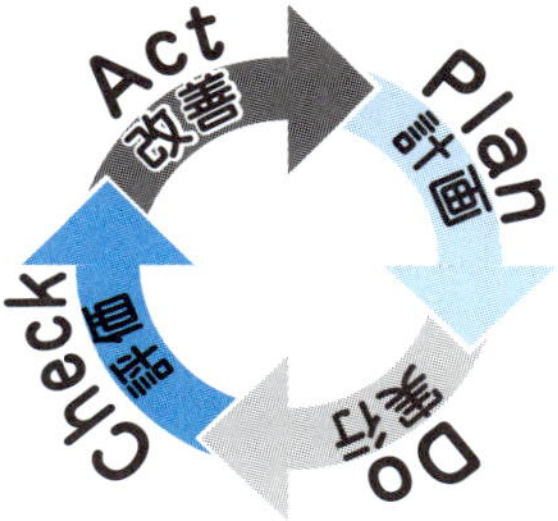

●品質管理から全社管理へ

ＰＤＣＡは、品質管理の専門家ウォルター・シューハートとエドワーズ・デミングが第二次世界大戦後に提唱した技法です。

デミング博士は、１９５０年に来日して「品質管理セミナー」を開催し、日本企業が戦後復興するのに大いに貢献しました。彼の寄付によって生まれたデミング賞で、今日も彼の名は広く知られています。

今ではまったく信じられないことですが、戦前戦後、日本のメーカーが作る製品には粗悪品が多く、品質向上が大きな課題になっていました。デミング博士は、ＰＤＣＡなど品質管理の手法を伝え、日本のモノづくりの礎を築いたのです。

当初、ＰＤＣＡはメーカーの、しかも品質管理だけを対象にしていました。ところが、１９８０年代から、品質管理だけでなく、調達・営業・経理といったあらゆる部門に広げていこうということになりました。ＴＱＭ（Total Quality Management, 全社的品質管理）と言います。

さらに、メーカー以外のサービス業・小売業、さらには自治体など公的セクターにも徐々に普及して行きました。

こうして、今日では多くの日本の組織が、ＰＤＣＡで業務全般を運営するようになっています。

2 PDCAと成功の深い関係

●ナポレオン・ヒルが解き明かした成功の秘密

日本にPDCAが広まった経緯は以上の通りです。それにしても、ここまでPDCAが広く普及したのはなぜでしょうか。

簡単に言うと、あることを成し遂げたい、成功したいというとき、PDCAが有効だからです。

成功したい！

誰しもが願っていることでしょう。ビジネスだけでなく、投資であれ、趣味であれ、スポーツであれ、思い描いた成果を実現し成功したいというのは、人類に共通した願望です。

鉄鋼王アンドリュー・カーネギーからの依頼で成功者の秘密を究明しようと努めたのが、ナポレオン・ヒル。成功哲学の開祖と言われます。ヒルが、ビジネス・政治・スポーツなどあらゆる分野の成功者を取材した結果見出した成功のルールをまとめた代表作が『Think and grow rich』（邦訳は『成功哲学』など）です。

ヒルは、次のように述べています。

「目標も計画もなしに成功はありえない」
「最初の計画が失敗したら、次の計画で勝負したらいい」
「大多数の人間が失敗するのは、失敗した計画に勝る新しい計画をたてるだけの粘り強さに欠けるからである」

目標も計画もなしに何かに取り組むのは、海図も羅針盤もなく航海に出るようなものです。明確な目標・計画を持って物ごとに取り組もう、失敗したら次の計画で勝負しよう、つまり、ヒルはＰＤＣＡという用語こそ使っていないものの、ＰＤＣＡを回すことが成功の秘訣だと主張しているのです。

ＰＤＣＡが大切な４つの理由

成功するためにはＰＤＣＡが大切であるという理由を、もう少し詳しく考えてみましょう。

ＰＤＣＡによって大きな成果を実現できます。また、成功の確率が高まります。それは、以下の４つの理由によります。

①大きな目標に取り組むきっかけになる

われわれのビジネスは、毎日繰り返し行う業務を中心に回っています。上司から与えられた業務や顧客から要望された業務を着実にこなすと、それに満足してしまいます。いったん満足しまうと、大きな目標に挑戦しようという気になりません。

大きな目標なしに、大きな成果を実現することはできません（よほどの幸運に恵まれれば話は別ですが）。ソニーも、ホンダも、戦後の焼け野原の中で創業した当初から世界的な企業になることを目指しました。

ＰＤＣＡの仕組みがあると、半強制的に目標を立てることになります。皆さんも、会社から難しい業務を命じられ、いやいやながらも目標を立てて取り組み、結果的に意外と大きな成果を実現することができた、という経験はないでしょうか。

その時は「面倒だな」と思ったことでしょうが、結果として目標を立てたことが大きな成果につながったわけです。

日常業務に埋没しがちな中、ＰＤＣＡの存在が、大きな目標の達成に向けて動き出す引き金になるのです。

②モチベーションが高まる

大きなこと、困難なことを達成するには、「どうしても達成したい！」という強いモチベーショ

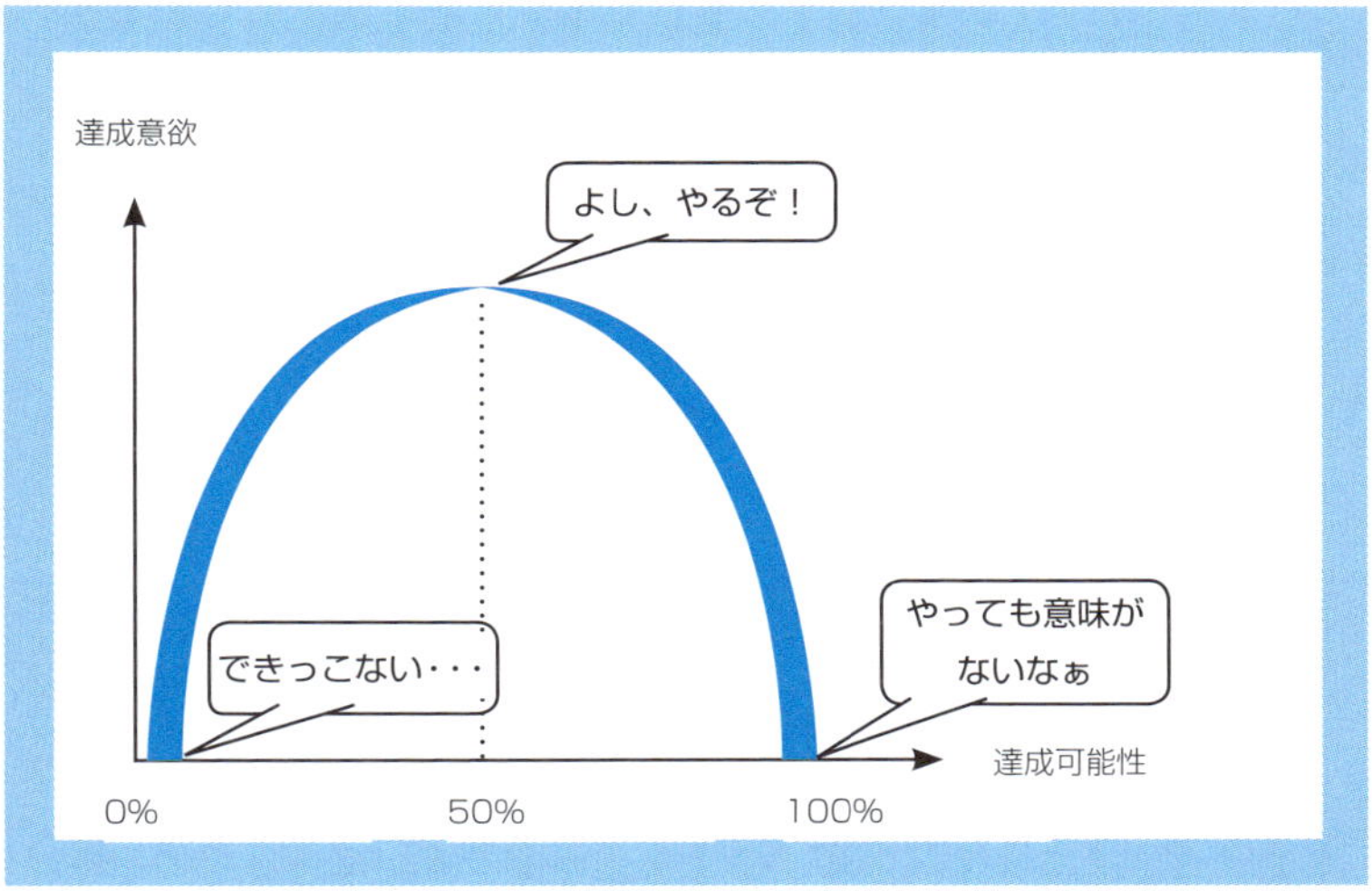

ン（達成意欲）が必要です。

図のように、あることがらを達成しようという達成意欲＝モチベーション（縦軸）は、達成可能性（横軸）によって決まってきます。

達成可能性がゼロ％なら、「できっこない」ということで意欲が湧きません。逆に１００％でも、「達成しても意味がない」ということでやはり意欲が湧きません。50％、つまり精一杯頑張って達成できるかできないか、という目標があるとき、人のモチベーションは最高に高まるのです。

ＰＤＣＡの仕組みがあると、とにもかくにも、目標を立てます。目標が立つと、当然「よし、できそうだ」「ちょっと無理かなぁ」と達成可能性を意識します。目標がなく、達成可能性を意識しない場合と比べて、確実にモチベーションが高まるのです。もちろん、モチベーションが高まると、成功する確率も高まります。

③リソースの無駄がなくなる

目標を達成するには、ヒト（関係者の協力）・モノ・カネ（予算）・時間・情報といったリソースが必要です。目標が大きくなるほど、たくさんのリソースが必要になります。

よくリソースの不足によって目標がとん挫してしまうことがあります。たとえば、営業パーソンが新商品を販売するとき、会社の都合で販売促進費や広告宣伝費の予算が削減されて、売れ行きがガクンと落ちてしまうという具合です。

ＰＤＣＡの仕組みがあると、まず計画段階で必要なリソースが明確になります。実行段階でも、リソースの過剰・不足するとすぐにわかって、軌道修正することができます。リソースの重複や無駄遣いがなくなります。

結果的にＰＤＣＡによって最小のリソース（＝インプット）で効率的に活動し、アウトプットを生み出せるので、ネットの成果が大きくなるのです。

④変化に対応できる

長期間かけてあることを達成する場合、当初予期しなかった事態が発生することがあります。

会社の方針の急な変更、急な出費、急な転勤、急な用事、急な病気…。

複雑で困難な目標ほど、事前に色々なことを想定するのが難しく、想定外、「まさか！」ということが多くなります。

もちろん、PDCAを回す仕組みがなくても、急な変化があったら「あれ？」と気づきます。しかし、変化の持つ意味、目標達成に与える影響、対処方法などはよくわかりません。

ここで詳細な実行計画を立てていると、計画と対比することで、変化の意味・影響・対処方法などを正確に把握することができます。当然、変化に迅速・的確に対応できるので、成功の確率が高まるのです。

3 どういう場合にPDCAが必要なの？

●PDCAには限界もある

「成功したいならPDCA」

「ビジネスの合言葉はPDCA」

しかし、PDCAがいつも、いかなる場合も有効というわけではありません。よく誤解されますが、PDCAには限界もあります。

まずスピーディに短期的な成果を上げることを要求される場合、PDCAは必要とは限りません。

むしろ、ＰＤＣＡが短期間で成果を実現することを難しくしてしまいます。

工場で火事が発生したという場合、とにかく迅速に消火活動を始めて、鎮火に努めます。のんびりと消火計画を話し合っていたら、どんどん火事が広がり、取り返しのつかない事態になってしまいます。

お客様から品質クレームが来たら、まず飛んで行って謝罪し、損害を補償します。のんびり改善計画を立てていたら、お客様はカンカンに怒って、取引関係が台無しになってしまうかもしれません。

習慣化されたことにもＰＤＣＡは不要

また、ごく簡単なこと、習慣化されたことを反復で実施するときも、ＰＤＣＡを使いません。上司から「この書類を郵便局に出しておいて」と言われたら、ＰＤＣＡを意識しますか。しませんね。

また、歯磨きや入浴のような生活習慣について、いちいちＰＤＣＡを回すという大人はいないでしょう（子供ならちゃんとできているかどうか記録し、Ｃｈｅｃｋしたりしますが）。

このように、ビジネスや家庭生活の相当部分は、ＰＤＣＡとは関係ありません。

ＰＤＣＡを実践するには、大なり小なり手間・時間・コストがかかります。費用対効果を考えると、簡単なことや習慣化されたことでは、ＰＤＣＡを回すとかえって非効率になってしまうのです。よく、世の中のすべてのことがＰＤＣＡでうまく運ぶかのように主張する専門家がいますが、これは買いかぶりすぎです。ＰＤＣＡは、決して万能薬ではありません。

●大きなことを達成したいならＰＤＣＡ

ただ、逆に考えると、**大きな目標、達成まで長期間かかる目標、困難な目標を達成したいなら、ＰＤＣＡは必須**ということです。ビジネスだけでなく、スポーツでも、趣味でも、大きな目標を達成している人、夢を実現してる人は、ほぼ例外なくＰＤＣＡを実践しています。

たとえば、国家資格の中小企業診断士の合格を目指すとしましょう（私は１９９５年に中小企業診断士を取得し、現在、中小企業大学校で資格取得の指導をしています）。

近年、中小企業診断士は難関資格になっており、１次試験に合格するまでの平均学習時間は、８００～１０００時間と言われています。毎日2時間欠かさず学習しても、１次試験合格に1年以上かかるわけです。１時間なら2年以上です。なお、資格取得には、さらに2次試験合格と実務補習の受講が必要です。

１年間、毎日欠かさず2時間学習を続けるというのは、仕事をしている社会人にとって、並大抵のことではありません。

体調を崩したり、残業や夜の付き合いがあったりします。「休日にまとめてがっつり勉強しよう」と心に決めても、休日なると、ゆっくり休みたくなったり、家庭サービスに時間を取られたりします。また、学習時間を確保できたとしても、気分が乗らず、集中できないということはあります。スランプになって投げ出したくなることもあります。

私の知る限り、中小企業診断士合格者の大半は、自己管理でＰＤＣＡを回しているか、資格予備校に大金を投じて半強制的にＰＤＣＡを回しているか、どちらかです。ＰＤＣＡを回さずあっさり合格してしまう天才肌の人は、ごくまれです。

ＰＤＣＡで夢を叶える

資格だけではありません。

長島さん（仮名）は、38歳の女性です。８年前に離婚したのをきっかけに、これからは自立して生きていこう、そのために自分のビジネスをやろう、せっかくなので学生時代からの夢だったカフェを開こう、と心に決めました。

しかし、当時の長島さんには、夢はあっても、先立つもの、開業資金がありませんでした。仕事と子育てで忙しかったこともあり、夢は夢のまま、あっという間に2年間が過ぎました。

ある日、長島さんは、ネットビジネスで成功していた知人から、「今のままだと夢は夢のままで終わってしまうよ。夢を叶えたいなら、目標と計画を作って着実に実行しないとね」と言われました。この一言に発奮した長島さんは、早速、事業プランの解説本を買い込んで勉強し、5年後にカフェを開業する事業プランを作りました。

家計をやりくりして毎月最低2万円をねん出し、事業資金を貯めました。外食や仕事の打ち合わせでは、少し足を延ばしてでも気になるカフェを利用し、店を観察するようにしました。

4年目からは、週末に繁盛店でアルバイトをし、仕入れ・調理・接客・事業管理などノウハウを学びました。そこで得た気づきを元に、当初の事業プランを9回にわたって書き直しました。そして、一念発起してから5年目の一昨年、念願のカフェをオープンしました。

長島さんは、「目標・計画を作ろうという知人のアドバイスがなかったら、今でも夢は実現しなかったでしょう。ＰＤＣＡで夢が実現しました」と語っています。

中小企業診断士取得・カフェ開業というビジネスの例を2つ取り上げましたが、ビジネスだけではありません。ゴルフでシングルになる、マイホームを取得する、ダイエットする。なんでもそうです。

困難な目標を達成するためには、夢を実現するためには、ＰＤＣＡを回して取り組むことが必須なのです。

4 PDCAの厳しい現実

●PDCAの成功者は実は少数派

デミング博士が1950年に来日してからすでに70年近くになります。ナポレオン・ヒルの『Think and grow rich』は、1928年の初版発行以来、世界で1000万部以上読まれています。

「PDCAを実践すれば成功できる」

「成功者はみなPDCAを実践している」

すっかり市民権を得て、大絶賛されるPDCAですが、批判的・懐疑的な声も結構あります。

「PDCAで夢を実現している人って、そんなにたくさんいるの？」

「成功者もたしかにいるだろうが、失敗した人の方が多いんじゃないの？」

この批判・疑問は、当たっています。感覚的な話になりますが、PDCAに悪戦苦闘している人は、至るところで見かけます。一方、PDCAで思い通りの成果を手に入れることができたという人は、あまり見かけません。

「PDCAで成果を実現するのは簡単ですか、難しいですか？」と聞かれたら、世の中で起きている現実を直視するなら、「かなり難しいです」と答えざるを得ないのです。

●ＰＤＣＡがうまく行かない理由

ＰＤＣＡがうまく行かない理由は、さまざまです。

- ☑現実離れした過大な目標を立ててしまった。
- ☑後から別の重要な業務が入って、泣く泣く諦めた。
- ☑必要な時間・予算を確保できなかった。
- ☑想定外のトラブルに見舞われた。
- ☑どうしても達成したい、という意欲を薄れてしまった。

こうしてみると、ちょっとした過ちや障害で、ＰＤＣＡが回らなくなってしまうようです。

一方、断然少数派ですが、ＰＤＣＡを回して思い通りの成果を手に入れている人もたくさんいます。そういう成功者は、こうした失敗の原因にきちんと対処しているということになります。

5 PDCAを習慣化しよう

●習慣化が成否を決める

ＰＡＲＴ２以降で、ＰＤＣＡを回して思い通りの成果を手に入れるための成功のポイント、失敗しないためのポイントを紹介しますが、成功と失敗の分かれ目は、ＰＤＣＡを習慣化できているかどうかです。

習慣とは、日常での決まりきったことです。

トイレに入ったら手を洗います。

朝ご近所の住人と会ったら挨拶します。

これらは、まさに習慣です。長年繰り返してきた結果、「あ、手を洗わなきゃ！」とか、「なぜ挨拶をする必要があるのか？」といちいち考えなくても自然にできることが習慣です。

容易に想像できる通り、ＰＤＣＡも、トイレでの手洗いや朝の挨拶のように習慣化し、生活の一部になれば、成功確率が格段に高まります。トイレの手洗いや朝の挨拶に失敗する人がいないのと同じです。

毎日、自然に1時間学習できたら、相当な難関資格でも合格できるでしょう。
毎月３万円を貯金したら、金利ゼロでも10年後には、３６０万円たまります。

短期間で達成できる目標、難易度の低い目標なら、ＰＤＣＡを習慣化する必要はありません。短期間なら「なんとしても達成するぞ！」という意欲が持続しますし、簡単な目標なら意欲が落ちる前に達成できてしまうからです。

しかし、皆さんがＰＤＣＡで達成したいのは、長い期間とエネルギーを要する困難な目標でしょう。長い期間ある事がらに取り組むと、だんだん意欲が落ちてきます。調子の波もあります。不測の事態が発生することもあります。

こういうとき、「やる気が落ちたから目標をあきらめます」「スランプだから、ちょっと無理そうです」では困ります。

ＰＤＣＡを習慣化していると、ちょっとした意欲の低下や不調なら、難なく対処し、目標達成に向けて取り組み続けることができます。当然、達成の確率がぐんと高まるのです。

良い習慣ほど長続きしないという現実

習慣についての悲しい現実、それは、良い習慣ほど長続きしない（習慣化しない）ということです。

私が高校生の頃、英語の先生から「会話力を上げるために毎日5分英会話のテープを聞きましょう」とアドバイスされました。私はそれほど意志が弱い方ではありませんが、たった5分なのに1週間しか続きませんでした。

逆に、悪い習慣ほどなぜか長続きします。別の先生から「夜更かしして深夜ラジオを聴きながら勉強するのは絶対にやめましょう」と何度も注意されました。「いけないな」と思いつつ、注意されればされるほどしっかり習慣化しました。

ＰＤＣＡプロセスにおける悪い習慣とは、たとえば、新規事業のプロジェクトで毎月定期報告が必要というとき、定期報告の直前に大慌てで進捗状況を整理し、いい加減な報告をしてしまうという具合です。

ＰＤＣＡで思い通りの成果を手に入れるには、良い習慣を作り、悪い習慣をやめる必要があります。

本書はＰＤＣＡについて色々な角度から考えますが、ＰＤＣＡについて考えるのは、結局、ＰＤＣＡプロセスで良いことをいかに習慣化するかを考えることなのです。

6 メソッドが習慣化のカギ

●メソッドという盲点

ＰＤＣＡを習慣化できるかどうかというとき、意外と盲点になっているのが、メソッド（管理方法）です。

メソッドとは、ＰＤＣＡプロセスを管理する仕組みのことで、管理の手順・ルール・計測方法・記録方法などの総称です。

たとえば、ある女性が**目標**を立てました。

「**夏に向けて3か月で体重を5キロ減らし**、水着が似合う体型になる！」

この目標に向けて、活動の**計画**を決めます。

「食事制限する」

「毎日2キロジョギングをする」

ＰＤＣＡを回してこの目標を達成するには、〝**活動のルール**〟と〝**管理のルール**〟を決めます。

活動のルールとは、

「毎朝、起きてから30分以内にストレッチをする」

管理のルールとは、

「毎日、活動内容と体重をチェックし、記録する」

そして、体重の変化をチェックするには、体重計を使います。これが〝測定方法〟です。

そして、夏まで、測定したデータを手帳などに記録し、保存します。これが〝記録方法〟と〝管理方法〟です。

これらを総称したのがメソッドです。

長期間に及ぶＰＤＣＡのプロセスを管理するには、メソッドが必要です。しっかりメソッドを決めて活動すればＰＤＣＡがうまく回ります。メソッドを決めずに活動すると、うまく行っているときは問題ありませんが、ちょっとした障害でＰＤＣＡが回らなくなってしまいます。

●メソッドに無頓着な人が多い

残念なことに、メソッドは軽視されています。怠け者というわけでなく、あることを達成しようという意欲が強い人でも、ＰＤＣＡに対する意識が高い人でも、意外とメソッドを軽視しています。

そもそもメソッドに無頓着だということがあります。「よし、プロジェクトを成功させるぞ！」と、勢い込んでスタートする場合、先へ先へと意識が行き、メソッドに注意を払わなかったりします。また、最初はメソッドのことを意識しても、少し慣れてくると、意識が下がってしまうこともあります。

目標に挑戦して挫折すると、たいていの人は、「やる気が足りなかった」「飽きっぽい性格が災いした」などと、マインドのせいにします。しかし、私がコンサルタントとして色々な失敗事例を見てきた経験では、マインドよりもメソッドがしっかりしていないことの方が圧倒的に重大な敗因なのです。

メソッドを習慣化するプロセス

ＰＤＣＡは目標・計画を作り、実行し、評価し、改善して目標を達成するプロセスです。これをＰＤＣＡの習慣化という観点から見ると、次の４段階に分けて考えることができます。

①メソッドを決める。
②メソッドに基づきＰＤＣＡを実行する。
③メソッドを見直す。
④見直したメソッドでさらにＰＤＣＡを繰り返します。

⇦ ＰＤＣＡが習慣化！

最初は、メソッドを決めることから始めます（①）。いきなりＰＤＣＡに着手するのではなく、まずルールやデータを計測・記録・保存する仕組みを作ります。

つづいて、メソッドに基づきＰＤＣＡを実行します（②）。これは通常のＰＤＣＡです。

ただし、事前に決めたメソッドが活動テーマ・活動実態・自分の好みなどに合っているとは限りません。そこで、メソッドに不都合があったら見直します（③）。

この①②③を何度か繰り返し、自分に合ったメソッドを確立したら、それに則ってさらにＰＤＣＡを回します。

すると、メソッドが自分のものになり、メソッドを強く意識しなくてもＰＤＣＡが回せるようになります。これが、メソッドが完全に定着し、ＰＤＣＡが習慣化した状態です。

つまり、ＰＤＣＡを回して成果を実現するだけでなく、メソッドを確立しＰＤＣＡを習慣化するという目標についても、ＰＤＣＡを回すわけです（ちょっと複雑ですが）。

ＰＤＣＡを習慣化できれば、ＰＤＣＡが回ります。ＰＤＣＡが回れば期待通りの成果を手に入れることができます。大事なことなので改めて強調しますが、メソッドの確立とＰＤＣＡの習慣化が、ＰＤＣＡで成果を実現するカギなのです。

7 ＰＤＣＡでビジネスと人生を変えよう

●成功する人、成功しない人

私は、企業研修や社会人大学院の講師、あるいは経営コンサルタントという立場で、たくさんのビジネスパーソンを見てきました。研修で新入社員に教えることもあれば、コンサルティングで社長とご一緒することもあります。

よく「人それぞれ」と言いますが、人は本当にそれぞれ、まちまちです。

成功する人、成功しない人
成長する人、成長しない人
幸せな人、不幸な人

前者と後者で、結果は大きく違っています。残酷なくらいです。

ただ、前者と後者で持って生まれた才能、家庭環境、運・不運、経験など明確な差があるわけではありません。

たとえば、現代の日本で最も成功したビジネスパーソンを2人挙げるなら、ファーストリテイリングの柳井正さんとソフトバンクの孫正義さん。

柳井さんの父親は、ファーストリテイリングの前身となる小郡商事を創業した事業家でした。柳井さんは何の不自由もせず育ち、大人になり、社長になりました（人知れない苦労はあったことでしょうが）。そして、父親から引き継いだ会社を飛躍的に発展させました。

一方、孫さんは在日朝鮮人3世として生まれ、部落で育ち、子供の頃は差別を経験したそうです。しかし、学生の頃から明確な夢と計画を持って事業に挑戦し、日本を代表する経営者になりました。

2人の対比から明らかなように、恵まれた家庭からも不遇な家庭からも、成功者は現れるのです。

目標と努力の差が結果の差を生む

持って生まれた才能や家庭環境が問題でないとすれば、大きな結果の差はどこから生じるのでしょうか。

一言で言うと「目標と努力の差」です。

孫正義さんも柳井正さんも、明確で大きな目標を持っています。ときに「ほら吹き」と言われるほど、大きな夢・目標を立てて、自分を追い込んで、命がけで努力をし、ビジネスに取り組んでいます。

孫さんは、大学生だった19歳のときに、次のような〝人生50年計画〟を立てたそうです。

「20代で名乗りを上げる。
30代で軍資金を最低で１０００億円貯める。
40代でひと勝負する。
50代で事業を完成させる。
60代で事業を後継者に引き継ぐ」

そして、二人とも、目標に向かって、着実に努力を続けていました。

柳井さんは、「会社が上場して一番嬉しかったことは、〝これからは本屋に行っても好きなだけ高価な本を買うことができる〟と思ったこと」と自著『柳井正の希望を持とう』に書くほどの読書家です。

日本一の資産家になった今も、朝は6時半に出社し、16時には仕事を切り上げ、基本的に夜のお付き合いは断って真っ直ぐ帰宅し、１日１冊本を読むそうです。年間数百冊になるでしょうか。そして、本を読んで得られたアイデアを早速翌日、会社で試しています。

●継続的に努力する

孫正義さんや柳井正さんほどではないにせよ、成功者は間違いなく努力をしています。貧乏な家庭に生まれても、才能がなくても、運に恵まれなくても、成功した人はたくさんいます。

しかし、努力をせずに成功した人はいません（幸運に恵まれて一時的に成功した人は除きます）。

しかも、単発の一時的な成功でなく、成功し続ける人は、長期間にわたって努力を続けています。

北村英治さんと言えば、日本が世界に誇るジャズ・クラリネット奏者。学生時代にプロデビューし、戦後長く日本の世界のジャズ界をリードし、88歳になった今も元気にステージに立ち続けています。

北村さんは、すでにジャズ界の頂点を極めていた50歳から、演奏の幅を広げるためにクラシックの要素を取り入れようとしました。

後輩にあたるクラリネット奏者・村井祐児さんに弟子入りし、クラシックにおけるクラリネットの演奏法を学んだそうです。

私は年に数回北村さんのライブを聴きに行くのですが、北村さんは今でもときおり、「もっとうまく演奏できるようになりたい」と語ります。「成功者とはこういうことなのか！」と心を洗われます。

正しい努力で、ビジネスを、人生を変えよう

さらに成功者は、闇雲に努力するのではなく、正しい努力をしています。困難な目標を簡単に達成できるはずはありません。スランプになり、行き詰まり、挫折しそうになります。試行錯誤をする場面がどうしても出てきます。試行錯誤の末に目標にたどり着けば良いのですが、闇雲に試行錯誤を繰り返していては、成功する確率は低いでしょう。正しく努力する必要があります。

正しい努力とは何でしょうか。

もちろんＰＤＣＡを回すことです。

目標を立て、計画を作り、実行する。その結果を評価し、うまく行かなかった原因を分析し、原因を踏まえて改善を進める。

文字にすると実に簡単ですが、ＰＤＣＡを回して合理的に試行錯誤ができるかどうかが、成否を分けます。

正しく試行錯誤すると、成果が出やすくなります。成果を実感すると、「努力して良かった！」ということで、さらに努力するモチベーションが湧いてきます。すると、より大きな成果を実現で

き、最終的に成功者になれます。

ＰＤＣＡを回して合理的に努力し、期待通りの成果を手に入れましょう。成果を手に入れて、ビジネスを、人生を変えましょう。

PART 2

自分に合ったメソッドの確立

1 まずメソッドについて知っておこう／2 良いメソッドの条件／3 管理項目を設定しよう／4 管理ツールを選ぼう／5 自分に合った管理ツールを選択しよう／6 ルールを決めよう／7 メソッドも改善し、進化させる

PART2のサジェスチョン

PDCAで成果を実現するには習慣化する

ことがポイントです。

そして、習慣化のカギを握るのがメソッド（方法）です。

このPARTでは、良いメソッドの条件、メソッドの内容、自分に合ったメソッドを確立する方法を紹介します。

1 まずメソッドについて知っておこう

●マインドか、メソッドか

このPARTでは、PDCAの旅に出る前の準備、メソッドについて検討します。PDCAがうまく行くかどうかというとき、いかに魅力的な目標・綿密な計画を作るか（PART3）やどのように困難を乗り越えて軌道修正しながら目標に向けて進むか（PART4）という活動に注目が集まります。

また、そうした活動がうまく行くかどうかというポイントとして、やる気・忍耐力・信念・粘り強さといったマインドが強調されます。ちなみに成功哲学の開祖ナポレオン・ヒルも、『Think and grow rich』というタイトルの通り、目標達成を願う（Think）**願望の強さ**が成功を左右すると強調しています。

しかし、実際には、魅力的な目標を持ち、綿密な計画を作り、好ましいマインドでスタートを切っても、成功しないということがよくあります。

皆さんも、お正月に「今年は夏までに5キロやせる」という目標を立て、「飲み会を週一度まで減らし、週一度スポーツジムに通う」といった計画を作って、「よし頑張るぞ」とやる気満々でスタートを切ったのに、1か月であっさり挫折してしまったという経験はないでしょうか。私にもあります。

現実には、マインドが良くても、かなりの確率で失敗するのです。

PDCAがうまく行くかどうかは、マインドよりもメソッドが重要です。自分に合った適切な運用ルールや計測・記録の仕組み・ツールを整えることが、成功のカギなのです。

良いメソッドが良いマインドを長続きさせる

誤解しないでいただきたいのは、「良いメソッドを確立すれば願望ややる気なんて関係ない」と主張しているわけではありません。マインドも非常に大切で、マインドとメソッドは成功へと進む車の両輪と言えます。

しかし、ある目標を掲げてスタートする時点で、そもそも願望やモチベーションが低いという人がいるでしょうか。あまりいませんね。多少の違いや強い・弱いはあっても、スタートライン上では、誰しも良いマインド、強い気持ちを持っています。

「達成したい！」

「よし、やるぞ！」

問題は、その良いマインドが長続きしないという現実です。

PDCAで取り組むのは、長期間かけて達成する困難な目標です。長期間かかると、スランプに陥るということもあります。色々と不都合なことが起きます。マンネリ気味になったりします。ずっと絶好調というのは考えにくく、徐々に、あるいは急激にマインドが低下していくのが普通です。

一方、それほど鉄の意志を持っているようには見えないのに、最初の頃の良いマインドが長続きする人がいます。

スタート時点の良いマインドが長続きするかしないか、何で決まるのでしょうあ。答えは、メソッドの良し悪しです。

2 良いメソッドの条件

●画期的な〝計るだけダイエット〟

良いマインドを長続きさせる良いメソッドとは、どういうものでしょうか。

マインドとメソッドの関係について、ダイエットという身近な題材を例に考えてみましょう。

肥満は現代人の大きな悩みのようで、世の中には色々なダイエット法があります。良いダイエット法も効果がない眉唾物のダイエット法もあるようですが、メソッドという観点から私が興味深く思うのは、〝計るだけダイエット〟です。大分大学医学部が考案し、ＮＨＫの人気番組「ためしてガッテン」でも紹介されたので、ご存知の方も多いでしょう。

計るだけダイエットとは、文字通り体重を計るだけ。体重計に朝晩2回乗って計り、グラフを作るという方法です。

たったそれだけですが、「ためしてガッテン」でＮＨＫが行った実験で、成功率はなんと83％に達しました。しかも、時間をかけてゆっくりと体重を減らして行くので、他のダイエット方法にありがちなリバウンドがないというのも、この方法の優れたところです。

〝計るだけダイエット〟が有効なのはなぜ？

もちろん、生理現象的には、体重を計るという行為だけで痩せるわけではありません。毎日体重を計り、記録を付けると、体重や体重に影響を与える食事・運動などを意識するようになります。

すると、ランチの時にそれまで何気なく「ご飯おかわり！」と言っていたのが、「いや、ちょっと待てよ」と思いとどまります。3食のうち1食でおかわりを我慢すると、少し体重が減ります。

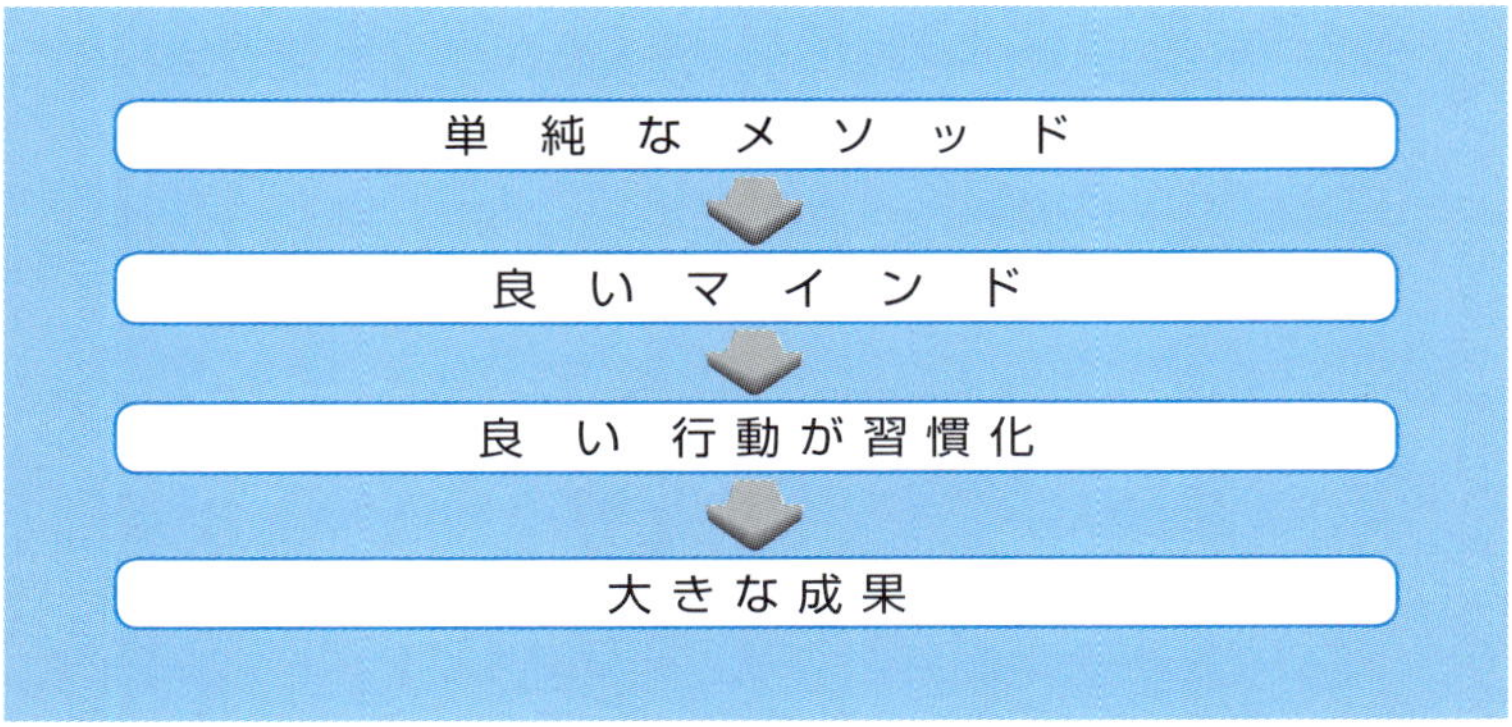

体重が少しずつ減るのを記録し、グラフ化します。そして、右肩下がりのグラフを目にすると、「いいぞ！」と嬉しくなります。嬉しくなると、ちょっとした我慢が抵抗感なくできるようになります。

こうして数か月すると、とくに意識しなくても我慢できるようになり、良い習慣が定着します。結果として、体重が大幅に減るというわけです。

つまり、体重を計ってグラフ化するという単純なメソッドが良いマインドを生み、良いマインドが良い行動を習慣化させ、最終的に体重減少という成果につながって行くわけです。

計るだけダイエットでは、まさに、メソッドがマインドを変え、習慣を作り、結果をもたらすのです。

計測と記録のツールが大切

ここで「そうは言っても、毎日グラフを作るってたいへんじゃないの？」と思われるかもしれません。

しかし、NHKのホームページに掲載されている記録用紙をダウンロードすれば、記入しグラフ化する手間はかなり省けます。

「手書きはちょっと…」という人には、計るだけダイエット用のアプリがお勧めです。数十種類のアプリも開発されており、スマホにデータ（体重）を入力すれば自動的にグラフが表示されます。あるいは、スマホよりもPCをよく使うという人は、NHKオンラインが提供する無料ソフトを利用できます。これなら、毎日記録を付けることはほとんど苦になりません。

あともう一つ大切なのは、体重計の選択です。

計測結果を針で表示するタイプだと、小数点までは正確に把握できません。毎日のわずかな変化がわかることがポイントなので、「62・75キロ」と50グラム単位まで数字で表示される体重計を使います。

つまり、計るだけダイエットでは、記録アプリと体重計という管理ツールが重要な意味を持っているのです。

●良いメソッドの条件① シンプルさ

一口にメソッドと言っても、良いメソッドと悪いメソッドがあります。計るだけダイエットの例から、良いメソッドの条件が見えてきました。色々な発見があるのですが、まずは最も大切なこと。

〝シンプルさ〟

計るだけダイエットで、管理するデータは体重1つだけ。データの計測に使うのは、どこの家にもある体重計。朝晩に洗面・歯磨きをするついでに簡単に計測できます。実にシンプルです。

ダイエットでも、投資でも、資格勉強でも、よく「これが最新鋭のメソッドだ」ということで、複雑なメソッドを勧められたりします。単純なものよりも複雑なメソッドの方が有難く、なんとなく効果がありそうな気がしてきます。

しかし、複雑なメソッドだと、手続きを覚えるのが困難です。手間がかかります。勘違いやミスが生じがちです。したがって、習慣化、自然にできる状態にはなりにくいのです。

逆にシンプルなメソッドだと、手間がかからず、勘違い・ミスが起こりにくいので、無理なく続けることができます。長期間続けて成果を出すことによって、習慣化できるのです。

●良いメソッドの条件② 見える化

良いメソッドの2つ目の条件。

〝見える化（可視化）〟

人間の記憶は不思議です。上司から「これは重大な会社の方針だから」と話を聞かされて、「大切なことだから何とか覚えておこう」と心に誓っても、1時間も経てばすっかり忘れてしまいます。

一方、小学校のとき怒られた先生の怖い表情など、割とどうでもいいことを何十年にもわたって覚えていたりします。

忘れるか、記憶に残るか。分かれ目は、一つは、**ビジュアル的に印象深いかどうか**です。

計るだけダイエットで、「73・80キロ」という数字はまず記憶に残りません。しかし、この数字をグラフに表すと、もちろん細かいことは忘れますが、「よし、順調に右下がりだな」「上下を繰り返して、あまり変化がないな」という印象は、しっかり記憶に残ります。

もう一つは、その情報を**どれだけ目にするかという絶対量**です。

たまにしか目に触れない状態だと、よほど印象的なこと以外は忘れてしまいます。しかし、日常的に目に触れる状態にあると、潜在的な記憶に残ります。

会社で、「お客様第一」という経営理念が、トイレ、玄関、休憩室など色々なところに貼られていると、従業員は普段あまり気に留めなくても、なんとなく覚えている具合です。

つまり、目標・スケジュール・活動の成果などをビジュアルな形に見える化し、見える状態にしておくことが大切なのです。

良いメソッドの条件③　自分に合っていること

良いメソッドの３つ目の条件。

〝自分に合っていること〟

メソッドには癖や特徴があります。そのため、人によって合う、合わないが出てきます。世の中の多くの人が絶賛する流行のメソッドでも、自分にとってはしっくりこないということがあります。逆に世間では評判が悪いメソッドでも、なぜか自分にはピッタリ合うということもあります。

再び計るだけダイエットに話を戻します。

私の近所に住む知人の河田さん（仮名）は、スマホのアプリ派です。河田さんは67歳とやや高齢ですが、日ごろから買い物の支払いでおサイフケータイを使うなど大のスマホ好きなので、スマホが一番合っているようです。

私の妻の幼なじみの小松さん（仮名）は、ＮＨＫのホームページから記録用紙をダウンロードして手書きで記録しています。「手書きって、面倒ではないですか?」と訊ねたら、「家計簿やスケジュール帳も手書きで付けてますから、まったく苦になりません」ということでした。

自分に合ったメソッドだと、生活の一部になります。手書きで家計簿を付けている小松さんがスケジュール帳の横に「体重」という項目を1つ増やすくらいなら、まったく苦になりません。生活の一部になると、特に意識しなくても無理なく続けられます。

逆に、どんなにお勧めの必勝メソッドでも、自分に合わないと長続きしません。メソッドには、誰でもいかなる状況でも通用する絶対の正解はないのです。

この3つ目のポイントは非常に大切なので、後ほど管理ツールの項で改めて検討します。

●習慣化できるメソッドが良いメソッド

以上、良いメソッドの条件として、シンプルさ、見える化、自分に合っていること、という3点を紹介しました。シンプルだと、行動を起こし、続けるのがおっくうになりません。見える化すると長く記憶に残ります。自分に合っていると、生活の一部になります。結局この3点は、習慣化しやすいという点で大切なのです。

ダイエットという誰でもわかる身近な例を取り上げてメソッドのあり方について検討しましたが、これは、ビジネスでも、趣味でも、スポーツでも、資産運用でも同じです。習慣化できるメソッドが良いメソッド、習慣化できないメソッドは悪いメソッドです。

3 管理項目を設定する

●メソッドの内容

メソッドの考え方や良いメソッドのイメージが掴めたところで、メソッドの内容を検討しましょう。

メソッドには色々な構成要素がありますが、代表的なものは次の3つです。

①管理項目
どういう項目を管理するか。

②管理ツール
どういう媒体・道具を使って測定・記録・保存・共有をするか。

③ルール
どのように活動するか、どのように活動を管理するか。

それぞれについて、実例を交えながら検討していきましょう。

●管理項目を設定する

まず、管理項目を設定します。
管理項目は、達成したい事がらによってかなり異なります。

- 顧客訪問件数
- 提案件数
- 受注件数
- 売上高

資格の取得

- 学習時間
- 模擬試験の点数・合否判定

貯蓄

- 収入
- 支出
- 預金残高

●管理項目について私の失敗談

管理項目の設定で大切なのは、項目数をできるだけ減らすことです。

スタート段階では張り切っているので、「よし、やるぞ！」と管理項目を増やします。また、計画を立てるのに慣れていないと、「これも必要ではないか」と不安になって、やはり管理項目を増やしたくなります。

ここで、管理項目に関する私の失敗談。

私は、社会人2年目の1989年に株式投資を始めました。当時はバブル絶頂期。投資を始めた直後にバブルが崩壊し、あっという間に大きな含み損を抱えてしまいました。

ようやく傷も癒えて、本業のコンサルティングも軌道に乗り、株式投資に再挑戦したのは2005年。実際に投資をする前に、「今度こそ失敗しないぞ！」と色々な投資本を読み漁り、準備を進めました。

そして、最も気に入ったアレキサンダー・エルダーの名著『投資苑』をバイブルに投資を再開しました。

『投資苑』シリーズでエルダーは、投資に勝つには3Mが必要だと主張します。3Mとは、Mind（マインド）・Method（メソッド・方法）・Money（資金管理）です。とくに、エルダーが強調しているのは、闇雲に投資するのではなく、計画を作って投資しよう、その結果をきちんと記録しよう、という点です。

投資というと、儲けることが最大の目的だと考えます。しかし、エルダーは違った考え方をしています。PDCAという言葉こそ使っていませんが、計画・投資・記録・改善という繰り返しで成長し、「優れた投資家になることが投資家の最大の目的だ」と言っています。

私は、『投資苑』シリーズなどを参考にして、管理項目を設定しました。最初は、左ページの図のような管理表をExcelで作って、張り切ってスタートしました。

しかし、結果的にこの管理表は、約1か月しか続きませんでした。

管理項目が多すぎたのが敗因

この管理表は管理項目が36個と多いので、取引をした日は記入するのに20～40分かかりました。暇なときは問題ありませんが、昼間はコンサルティングや企業研修の仕事をしながら合間を縫ってする投資なので、平日はなかなか記入する時間が取れません。

この管理表を始めて2週目から本業で突発の用事ができて忙しくなり、夜まで仕事を続くようになりました。

すると、記入するのが面倒になり、「週末にまとめてやろう」となりました。最初の数週間は、週末にまとめて記入しました。

しかし、平日何もせず、週末にまとめてやると2～3時間かかるようになります。やがて「過去のことを記録するのに、そこまで時間をかける必要があるのかな？」と疑問に思うようになりまし

［管理表ビフォー］張り切って、かなり凝った管理表でスタート

仕掛け日		手仕舞い日	
銘柄		手仕舞いの理由	
銘柄選定理由		期間	
仕掛けの理由		売却方法	
採用指標		売却単価	
口座		手数料	
種別		利益額	
株数		損益率	
購入単価		日経平均	
投資金額		対日経平均比較	
ストップ		評価（ランク）	
リスク額		評価（コメント）	
総投資額			
リスク率		累計利益額	
スリッページ		累計損失額	
仕掛けの評価		利益ファクター	
目標期間		PF 評価	
目標売却単価			
目標利益率			
目標利益額			

た。

こうして、張り切ってスタートして1か月後、この管理表を使うのを諦めました。挫折です。単純に管理項目が多すぎたのが敗因でした。

管理項目の削減に着手する

そこで私は、すぐに管理項目を見直しました。管理することを諦めるのではなく、管理方法を改善したのは、われながら「エライ」と思います（自慢です）。

まず、記入に時間がかかって「面倒だな」と感じたもの、投資の意思決定にあまり影響がなく「本当に必要かな？」と感じた項目を洗い出しました。そして、必要最低限のものだけを残し、思い切って削減しました。

その結果、数回の試行錯誤の末、次のように変わりました。

全部で21項目、自動計算される6項目を除くと15項目です。投資をしていない方や投資家でも管理をしていない方から見ると、「ちょっと多くない？」と思われるかもしれませんが、株式投資ではどうしてもこれくらい必要です。当初に比べてずいぶん減りました。

この改善で、管理表と資産残高の記録に合計で1日10分かからなくなりました。無理なく毎日記入することができるようになり、管理を習慣化することに成功しました。

[管理表アフター] 管理項目は21個(実質15個)まで減少

①銘柄	商船三井（9104）
②銘柄選定理由	中国関連、原油高関連
③仕掛けの理由	MACD 転換
④口座	野村
⑤仕掛け日	2017/09/26
⑥種別	信用売り
⑦株数	500
⑧売却単価	34,700
⑨投資金額	17,350,000
⑩ストップ	35,600
⑪目標期間	3
⑫目標売却単価	33,700
⑬目標利益率	2.9%
⑭目標利益額	500,000
⑮手仕舞い日	2017/10/02
⑯期間	6
⑰買戻し単価	33,700
⑱手数料	4,856
⑲利益額	495,144
⑳損益率	2.9%
㉑評価	仕掛けはOK。利確まで長引いた。短期で確実に値取りするべきだった。

●徐々に増やすか、徐々に減らすか

管理項目が少ない方が、手間・時間がかからないので、当然、続けやすくなります。ただ、管理項目を極限まで減らすと、実行前、あるいは実行後も、「もっと色々な項目で管理しないとダメじゃないかな？」と不安になります。私も管理表を見直した当初は不安でした。

しかし、はやる気持ちや不安な気持ちを抑えて、最小限の管理項目でスタートです。始めてみて、「ちょっと足りないかな?」と思ったら、必要な項目を少しずつ追加していけば良いのです。

私はコンサルタントとして企業の新規事業の立ち上げをよくお手伝いしますが、新規事業ではよく「スモールスタート（small start）」が大切だと言われます。新規事業を立ち上げる際、最初は機能やサービスを限定するなどして小規模に展開し、軌道に乗ったら需要の増大などに応じて順次規模を拡大させていくべきだ、という意味です。

事業だけでなく、PDCAの管理項目についても、「スモールスタート」は当てはまります。まずたくさん管理項目を設定して、不要なものを削っていっても良いではないか、と思われるかもしれません。少ない管理項目で徐々に増やしても、たくさんの管理項目を徐々に減らしても、結果は同じのような気がします。

しかし、これが同じではないのです。

管理項目が多いと管理が複雑になり、管理そのものに多大な労力・時間を費やすことになります。毎日3項目を5分で記録することはできても、9項目を15分かかると挫折する確率が格段に高まります。

挫折せずに継続し、習慣化するためには、管理項目はスモールスタートの方が良いのです。

4 管理ツールを選ぶ

●管理ツールを決めよう

管理項目が決まったら、つづいて管理ツールを選択します。

管理ツールとは、活動を〝測定〟し、測定結果（データ）を〝記録〟し、〝保存〟する機器・媒体のことです。また、他のメンバーと協力してチームとして活動する場合、〝伝達〟や〝共有〟などコミュニケーション・ツールも必要となります。

測定・記録・保存という3つにどういうツールを使うかは、活動テーマ・目標・管理項目などによって大きく異なります。

いくつか具体例を挙げましょう。

①株式投資

個人投資家が「運用利回り年20％を確保する」という目標を立てたとします。

計画は自分のパソコンで作成し、証券会社が提供するソフトで注文し、自分のパソコンで別途、成績などのデータを記録・保存します。

②血圧を下げる

高血圧の人が「6か月以内に130mmHg以下にする」という目標に向かって活動するとします。この場合、血圧計で測定し、手帳やスマホのアプリで記録します。血圧は、病院やスポーツジムなど外で計ると異常値が出やすいですし、毎日計測することが大切なので、血圧計を買って自宅で計るのが良いそうです（私の意見ではなく、新横浜睡眠呼吸メディカルケアクリニックの意見です）。

③新規事業プロジェクト

複数の社内メンバーと共同で取り組むプロジェクトでは、何らかの統合タスク管理ソフトを使うでしょうから、それに従います。また、メールでやり取りするか、文書でやり取りするか、というコミュニケーション・ツールを決めておきます。

記録ツールを選ぶ

管理ツールの中でとくにカギを握るのが記録ツールです。

人間は忘れっぽいので、収集したデータを記録しないと、すぐに忘れてしまいます。活動内容と

	利 点	欠 点
パソコン	・入力しやすい ・画面が見やすい ・グラフなど展開が容易 ・大量のデータ保存が可能 ・データの更新・複製が容易	・高コスト ・携帯が不便 ・理解度・定着度が低い
スマートフォン、タブレット	・携帯が容易 ・どこでも利用できる ・大量のデータが保存可能 ・データの更新・複製が容易	・画面が見にくい ・高コスト ・理解度・定着度が低い
手帳・手書きノート	・理解度・定着度が高まる ・低コスト	・記入が手間・時間がかかる ・データの保存が難しい ・データの更新・複製が困難 ・文字が見にくい

成果を記録し、データを保存します。

代表的な記録ツールは、以下の通りです。

①パソコン
②スマートフォン、タブレット
③手帳・手書きノート

これらの記録ツールの利点・欠点は表の通りです。

●活動テーマで記録ツールが決まってくる

これらの記録ツールからどのように選べばよいでしょうか。

まず、活動テーマと管理項目によって、ある程度は管理ツールが決まってきます。

たとえば、株式投資なら、パソコンでExcelを使うことになります。株式投資では利益率など計算するべき管理項目が多く、しかもデータを保存することが重要だからです。

手計算して紙に書くことも不可能ではありませんし、実際に手書きで罫線（チャート）を引き、電卓で利回りを計算しているベテラン投資家もいるようですが、あまりにも面倒です。スマホも、表計算には向いていません。

外回りの営業パーソンが新規案件を獲得しようというなら、会社から貸与されている携帯端末をそのまま使います。わざわざ別の管理ツールにデータを移し替えるのは面倒です。

オフィスワークの場合、会社独自の管理ツールが決められていることが多いでしょう。そういう場合、原則としてその管理ツールを活用します。

5 自分に合った管理ツールを選択しよう

●使い慣れたツールを使う

問題は、趣味・スポーツ・健康・貯蓄などプライベートや家庭生活の領域です。色々な管理ツールがあって、自分で自由に選べるという場合はどうでしょうか。

先ほどの原則通り、シンプルさ、見える化、そして自分に合っていることの3点から管理ツールを選択します。とりわけ大切なのは、自分に合った管理ツールを選ぶことです。

手書きでメモを取る習慣がある人は、手書きで記録しましょう。

事務職で一日中パソコンに向かって仕事をしているという人は、自宅でもパソコンで記録しましょう。

外回りの営業パーソンで、スマホで営業日報を作成しているという人は、そのままスマホを使いましょう。

使い慣れたツールなら、無理なく続けられるからです。

新しい管理ツールを使うな

管理ツールの選択で冒す大きな間違いは、新しいツールを使い始めることです。

上司・ビジネス書作家・コンサルタントなどは、自分が使って成功した管理ツールを強く勧めます。

「プロジェクト管理用のアプリ○○は無料だし、絶対お勧め！」

「A4サイズ以上の大学ノートに手書きで記録しよう！」

あなたがもしそのアプリ○○を現在、スケジュール管理などで日常的に使っているなら、PDCAの管理にも使ってください。大学ノートでメモを取る習慣があるなら、使ってください。

しかし、ＰＤＣＡを管理するために新たにアプリ○○をダウンロードしたり、わざわざ大学ノートを買い込むのは、たいへん危険です。

なぜでしょうか。

簡単です。プッシュする本人は、アプリ○○や大学ノートを長年使って慣れ親しんでいます。しかし、これから使い始めるあなたは、そのツールを使い慣れていないからです。

新しく取り入れたツールが自分にピッタリ合うということは、もちろんあり得ます。ただ、それは単なる偶然で、確率的には「どうもしっくりこないなぁ」ということがほとんどでしょう。

●新しいツールに飛びつく前に試してみよう

そうは言っても、転職したらスーツを新調したり、引っ越ししたらカーテンや絨毯を新しくしたりするのと同じで、新しいことを挑戦するにあたり、気分一新、新しいツールを取り入れるというのは、魅力的なことです。

「どうしても気になるアプリがある」

「尊敬する先輩が大学ノートを推しているから、ぜひ使ってみたい」

そういうことなら、まずＰＤＣＡの管理以外の目的で、そのツールを使ってみるのはどうでしょうか。

新しいものに切り替える前にまず試供品を使うのと同じ発想です。長年使い慣れた化粧品から別の化粧品に変えるとき、いきなり1年分を買い込む女性はいません。まずは、試供品を取り寄せるか、デパートの化粧品売り場などで試したりします。

それと同じで、大学ノートに興味があるなら、まず1冊だけ買います。そして、ミーティングの記録取りなど差し障りない他の用途に使ってみてください。

2週間ごく自然に無理なく使い続けられたら、大学ノートがあなたに合っているということです。それなら、ＰＤＣＡの管理にも大学ノートを使ってみてください。途中で続かなかったり、少しでも「しっくりこないな」と感じたら、迷わず捨ててください。

ツールが合わなかっただけなのに

私はこれまで、ＰＤＣＡを始める際に新しいツールを取り入れて、ツールが合わずに挫折してしまうビジネスパーソンをたくさん見てきました。

合わないといっても、そのツールが根本的に悪いとは限りません。「新しい手帳は、いつも使っているカバンにおさまりが悪い」「アプリの起動が遅くてちょっとイラッとする」といった、第三者からすると些細な理由で、ツールが嫌になってしまったりするのです。

そして、挫折したビジネスパーソンの相当数が、自信喪失に陥りました。本当はツールが合わなかっただけなのに、「俺って、何をやっても長続きしないダメ人間だ」と思い込んでしまいます。ビジネスを、人生を変えようと意気込んでPDCAに取り組み、挫折してしまうと、やはり心理的なダメージを負ってしまうのでしょう。

たかがPDCA、されどPDCA。

たかがツール、されどツール。

繰り返しますが、PDCAで大切なのは習慣化です。無理なく習慣化するのには、使い慣れたツールを使うのが一番なのです。

6 ルールを決めよう

●ルールの内容

管理メソッドの最後に、ルールを決めます。

何でもかんでも管理するわけではありません。まず、管理するべきこと、管理せずにすませることを明らかにします。

ルールの内容はテーマによって違いますが、代表的なものは以下の通りです。

①計画の見直し
どれくらいのサイクルで見直すか。どういうきっかけで、不定期に見直すか。

②実行のスパン
何日、何週間、何か月の単位で実行するか。

③実行項目の優先順位
QCD（Quality 品質・Cost 価格・Delivery 納期）が対立したらどれを優先するか。重要性と緊急性でどちらを優先するか。

④評価の細かさ

⑤評価のタイミング
どういうタイミングで行うか。頻度・時期。

⑥禁止事項
やってはいけないこと。

⑦目標の見直し・断念
どういう状態になったら目標を見直すか、断念するか。

無理のないルールを設定する

これらのうち、重要だと思うことについて、ルールを作りましょう。最初からすべて項目にルールをきっちり決める必要はありません。管理項目のところで述べたように、〝スモールスタート〟で、徐々にルールを追加していくことで結構です。

また、最初は緩めのルールにしましょう。スタートのときは張り切って、厳しいルールを自分に課す人がいます。しかし、あまり厳しいルールだと、当然、実行できない可能性が高まります。厳しいルールを設定して実行が伴わないと、ルール無視の奔放な状態になってしまったり、PDCAが回らず、途中で挫折してしまったりします。

最初は、「ちょっと緩すぎるかな」というくらいでスタートし、やってみて、「もうちょっといけそうだ」と感じたら、少しずつ厳しくしていきます。

テニスの上達を目指す人が、「毎日朝晩100回素振りをしよう」と考えたら、最初は「朝か晩のどちらか、30回素振りをしよう」というくらいに抑えます。「これなら楽勝」ということで無理なく続けられるなら、30回を50回、そして100回に、朝だけでなく晩もやる、という具合にハードルを上げていきます。

少しハードルの低いルールを作り、そのルールを守って実行し、小さな成果を実現します。すると、ルールを守ることが当然の状態になり、これを繰り返すと習慣化することができます。

7 メソッドも改善し、進化させる

●最初からは正解に巡り合えない

このPARTの最後に、メソッドの改善について指摘しておきます。

PDCAは、ある目標を達成するために計画を作り、活動し、評価し、改善する管理プロセスです。

そして、PDCAを管理するメソッドも、まずやってみて、評価し、改善することが大切です。

人から勧められたメソッドが最初からピッタリはまって、すんなりPDCAが回るというのが、効率という意味では理想です。

しかし、活動テーマも、目標も、勧める人と自分では違います。性格・嗜好・置かれた環境・持っているリソースは、もっと違います。

お勧めのメソッドが「これだ!」とあなたに100%ピッタリ当てはまるのは、確率的には奇跡です。

最初に取り入れたメソッドにこだわらず、不都合があったらこまめに改善しましょう。改善し、進化させることによって、自分にとって使いやすいメソッドになります。必勝法は他人から教えられるものではなく、自分の手で時間をかけて作り出すものなのです。

●メソッドも試行錯誤はOK

色々調べてベストのメソッドを選んだ、自分に合わせて改善した、でもなんかしっくりこない…。よくあることですが、こういう場合、どうすればいいでしょうか。

おそらくそのメソッドが根本的にあなたに合っていなかったということでしょう。あきらめで、さっさと別のメソッドを試してください。

「これがベストだ！」と思って選んだメソッドを変更するのは、後ろ髪を引かれることでしょう。ただ、何ごとも試行錯誤を繰り返すのは当たり前のことです。

メソッドも例外ではありません。

「ＰＤＣＡは試行錯誤の改善プロセスだ」と力説するビジネス書作家やコンサルタントが、ことメソッドのことになると「私が編み出したメソッドが絶対にお勧めだ！」と主張するのは、笑えない矛盾だと思いませんか。

ＰＤＣＡは試行錯誤の改善プロセスです。そして、ＰＤＣＡを回すメソッドを確立するというのも、試行錯誤の改善プロセスなのです。

PART 3

明確なゴールと計画の設定

1 目標が持つ偉大な力／2 良い目標を立てよう／3 目標を具体化・見える化しよう／4 計画を立案しよう／5 スケジュールは見える化がポイント

PART3のサジェスチョン

PDCAの出発点はゴール目標です。

まず目標を立て、実行のための計画を作ります。

このPARTでは、目標の重要性、良い目標の条件、計画の内容、良い計画の作り方などを検討します。

1 目標が持つ偉大な力

●計画の前にまず目標がある

メソッドが決まったら、PDCAをスタートします。

まずGoal目標とPlan計画を決めます。目的地も移動手段や時期も決めずにいきなり旅に出る人がいないのと同じです。

PDCAということで、Plan計画が最初に決めるべきことだと思われるかもしれませんが、実際には目標Goalが最初に来ます。PDCAは、目標を達成するためのプロセスで、正しくはGPDCAと呼ぶべきかもしれません。

旅行でも、どこに行こうという目標が決まると、移動手段や時期といった計画が決まってきます。

「ハワイに行こう。当然飛行機だな、チケットがバカ高い年末年始を避けて2月に行こう」

「箱根に行こう。車も良いけどゆったり電車かな、来月の週末、会社帰りに直接行こう」

42ページで説明したとおり、適切な目標があると、思い通りの成果を手に入れることができます。

逆に目標がないと、大きなことを実現できません。

●夢を実現した豊田佐吉の人生

ＰＤＣＡと言えばトヨタ。そのトヨタの創始者である豊田佐吉は、まさにＰＤＣＡで夢を実現した人生でした。

１８６７年に現在の静岡県湖西市の寒村に生まれた佐吉は、14歳のとき「人の役に立ちたい！」と志します。しかし、新聞・雑誌を読みあさっても、村の青年と議論しても、何をしたら良いのか目標が定まりません。

18歳のとき、明治政府が発明奨励を目的に公布した「専売特許条例」を目にして、「発明家になりたい」と志します。ただ、具体的に何を発明するべきか、目標が見つかりません。やがて当時の村の女性たちが非効率な手動の機織りで苦労しているのを見て、「能率の悪い機織りを改良しよう」と志しました。

「機織りの改良」という目標を打ち立てた佐吉は、試行錯誤を繰り返し、最初の発明となる豊田式木製人力織機を発明しました。24歳のときのことです。

ただし、この織機は、それまで両手で織っていたものを片手で織れるようにしたにすぎません。佐吉は満足することなく、さらに一心不乱に研究を重ね、29歳のとき、日本初の動力織機である豊田式木鉄混製動力織機を発明しました。

この発明で、佐吉の事業は飛躍的に発展しました。しかし、佐吉は研究の手を緩めることなく、世界初の無停止杼換式《ひがえしき》自動織機などを次々に発明します。

そして、究極の目標と定めていた動力を空費しない理想的な円運動を用いた環状織機を発明しました。そのとき、佐吉39歳、「人の役に立ちたい！」と志してから四半世紀の時が流れていました。

目標があると困難を乗り越えることができる

最終的に子供の頃の夢を実現した豊田佐吉ですが、夢に向かって一直線に突き進んだわけではありません。何度も挫折し、試行錯誤を繰り返した、苦難の連続の25年間でした。

初期の頃は、父の大工仕事の手伝いが忙しく、納屋にこもって睡眠時間を削って発明に取り組みました。また目標が定まらない不安や発明が進まない苛立ちもあって、何度も家出をしたそうです。

25歳のとき、研究資金を確保するために最初の発明である豊田式木製人力織機を使った工場を建てます。ところが、経営がうまくいかず、開業して1年で工場は閉鎖に追い込まれました。この他にも、佐吉が織機の試験的営業のために作って経営不振に陥った事業はいくつかあるようです。佐吉は、最終的には大成功を収めましたが、完全無欠の成功者というわけではないのです。

もし佐吉が明確な夢・目標を持たず、「自分のできることをやって、無理せず楽しく生きていこう」と考えたらどうでしょうか。それはそれで楽しい人生ですが、佐吉の手から何も生まれなかったに違いありません。

大きなこと、困難なことを、短時間で苦もなく実現することはできません。佐吉が幾多の苦難を乗り越え、25年にわたって努力を続けられたのは、明確な夢・目標を持っていたからです。

●目標をギリギリ達成という不思議

ただし、目標を立てれば何でもよいということではありません。良い目標を立てることが大切です。

良い目標の条件を紹介する前に、私の経験をお伝えしましょう。

私は、2002年にコンサルティング事務所を独立開業するにあたり、3年後から10年後をめどにビジネスやプライベートの目標を立てました。

- ●2年目までにビジネスを軌道に乗せ、3年目以降、年収3000万円
- ●自宅購入の借入金2600万円を5年以内に完済
- ●2006年に株式投資を再開し、年20%以上の利回りを確保し、2011年に金融資産残高1億円
- ●毎年1冊ビジネス書を出版
- ●1年以内に体重を64キロに落とし、その後は維持し、病気で医者に行かない

これらを含めて目標は全部で9つ。勝敗は7勝2敗でした。目標を持つ効果を大いに実感しました。

それよりも自分自身「おや？」と思ったのは、達成した7つの目標は、「ギリギリセーフ」の達成だったことです。目標値を1％とか3％上回るものが多く、20％以上目標を上回る大きな成果を実現したものはありませんでした。

目標はプラスにもマイナスにも作用する

最初は不思議に思い、「たまたまかな」と考えました。しかし、すぐに理由がわかりました。目標を達成するまでは、「何とかしよう」と必死に頑張ります。しかし、達成すると安どし、心の中で「よし、終ったぞ」と一区切りをつけます。すると、緊張の糸が切れて、さらに大きな目標に挑戦しよう、さらに努力を続けようという意欲が急速に失われてしまったのです。

目標は、達成に向けて人を強力に動機づけます。とともに、達成してしまうと「もうこれ以上頑張らなくていいよ」と意欲を下げる方向に作用します。そもそも不適切な目標だと、間違った方向に努力をすることになります。

目標は、基本的にはプラスなのですが、マイナスにも作用するということです。

個人的にとくに後悔しているのが、体重です。

２００２年の時点で私の体重は67キロだったので、64キロに落とすというのは、それほど達成困難な目標ではありませんでした。１６４センチという私の身長からすると、「60キロ以下」などもっと挑戦的な目標を設定するべきでした。

豊田佐吉は、「動力を空費しない理想的な円運動を用いた環状織機」という究極の目標があったので、24歳のとき片手式の織機を発明しても、その後多くの発明をしても、まったく満足することはありませんでした。

ちっぽけな目標で満足した私と比べて、やはり歴史の偉人は偉大です（私と比べるのは失礼ですね。すみません）。

2 良い目標を立てよう

●良い目標の条件〝SMART〟

では、良い目標の条件は何でしょうか。

職場では、年度初めに「営業利益100億円達成」といった目標を立てます。

個人でも、「今年はボートの免許を取る」といった目標を立てます。

そして、目標の良し悪しが成果に影響を及ぼすことは理解しています。しかし、改めて「良い目標の条件？」と聞かれると、はたと迷います。

コンサルタントの世界でよく言われるの良い目標の条件が〝SMART〟。

以下の5つです。

- ✓ Specific：テーマ・内容が具体的である
- ✓ Measurable：到達点が定量的に測定可能である
- ✓ Achievable：適度に現実的で、適度に挑戦的である

☑ Result-oriented：成果に基づいている
☑ Time-bound：時間軸や期限が明確である

5つの条件を一つ一つ確認していきましょう（なお、Result-oriented の代わりに Realistic・現実的、Time-bound の代わりに Timely・適時などいくつかのバージョンがありますが、内容的に大きく違うわけではありません。）。

●Specific（具体的な）

豊田佐吉の場合、「人の役に立つ！」というのが最終的な目標でしたが、それだけでは何をして良いのかわかりません。

「発明家になる」、さらに「織機を作る」、「動力を空費しない理想的な円運動を用いた環状織機を作る」と具体化したことで、夢が実現に近づいていきました。

漠然とした、抽象的な目標では、どう活動すれば良いのかわかりません。目標は具体的で、なぜその目標に取り組むのかが明確になっていることが大切です。

●Measurable（計測可能な）

「海外の取引先との商談で困らない英語力を身に付ける」という目標では、努力して英語力が上っても、目標を達成できたかどうか計測できません。

ところが、「TOEIC850点」と目標を数値化すると、自分だけでなく、第三者が達成状況を確認することができます。

目標を数値化すると、自分自身が客観的に評価できるだけでなく、上司・協力者・家族といった周りも評価できます。すると、周りからの助言・サポートを得やすくなり、目標達成の可能性が高まるのです。

もちろん、豊田佐吉の例のように、数値化しにくい目標もありますが、可能な限り数値化するように努めます。

●Achievable（実現可能な）

経営者（や政治家）はよく、従業員（や国民）を鼓舞するために、「100年後、世界中の人々から尊敬と感謝を集める会社になろう！」といった遠大な目標を掲げることがあります。ただ、あまりにも遠大だと、「そんなのできっこないよ」ということで、従業員はやる気になれません。

一方、実現可能性が高すぎる目標も問題です。ある工場の作業長が「今期は、設備も作業内容も作業方法も変えず、みんなで力を合わせて生産性を0・5％だけ上げよう」という目標を掲げたらどうでしょう。メンバーは「そんなのできて当たり前」ということで、モチベーションが上がらないでしょう。

PART1でも触れたとおり、適度に挑戦的かつ適度に現実的なのが良い目標です。能力を伸ばし、精いっぱいの努力をして「できるか、できないか」というレベルの目標が、最高のモチベーション、そして最高の成果をもたらすのです。

●Result-oriented（成果に基づく）

豊田佐吉の場合、「発明家になりたい！」というのは願望としては問題ありませんが、成果に基づいていません。そこにとどまらず、「動力を空費しない理想的な円運動を用いた環状織機を作る」という実現したい成果を目標にしたことで、大きな成果を実現することができました。

×「顧客の信頼を集める営業マンになりたい」
○「顧客維持率70％達成」

×「プロのジャズシンガーになりたい」
○「有名クラブに毎月定期的に出演し、ライブをする」

このように、実現したい成果に基づいて目標を定義すると、達成時のイメージが明確になり、モチベーションが高まります。

●Time-bound（期限付きで）

大手居酒屋チェーン「ワタミ」を起業した渡邊美樹さんの座右の銘は、「夢に日付を」。渡邊さんは、大学時代のアメリカ旅行で利用したレストランに感激し、外食事業で起業することを志します。大学を卒業する22歳のとき「24歳で社長になる」と宣言し、その通り実現しました。株式店頭公開も東証1部上場も、最初に宣言した日付通りに実現したそうです。

日付がない目標は、単なる願望です。夢を持つだけでなく、いつまでに達成するという日付を入れることで、そのときどきに何をすれば良いかがわかります。夢が目標に、そして計画になり、成功へとつながっていくのです。

3 目標を具体化・見える化しよう

●目標をブレイクダウンする

目標の立て方に関し、SMARTに加えてもう2点だけ注意事項。

まず、大きな目標にチャレンジする場合、小さな複数の目標にブレイクダウン（細分化）しましょう。88ページのSpecificと関係します。

いきなり目の前に大きな壁が立ちはだかると、誰しも立ちすくんでしまいます。何にどう取り組んだら良いのかわかりません。

ところが、大きな目標を小さな目標にブレイクダウンすると、実現に向けて動き始めることができます。3メートルの壁は乗り越えられなくても、1メートルの壁を3つ乗り越えることは可能です。

豊田佐吉も、「人の役に立つ！」「発明家になる！」という大きな目標の前には立ちすくみました。ところが、自動織機という目標を具体化し、さらに制作する織機を分けて目標をブレイクダウンしたことで、発明活動が加速しました。

たとえば、「税理士試験合格」という目標に対して、「簿記論」「財務諸表論」「法人税」「所得税」

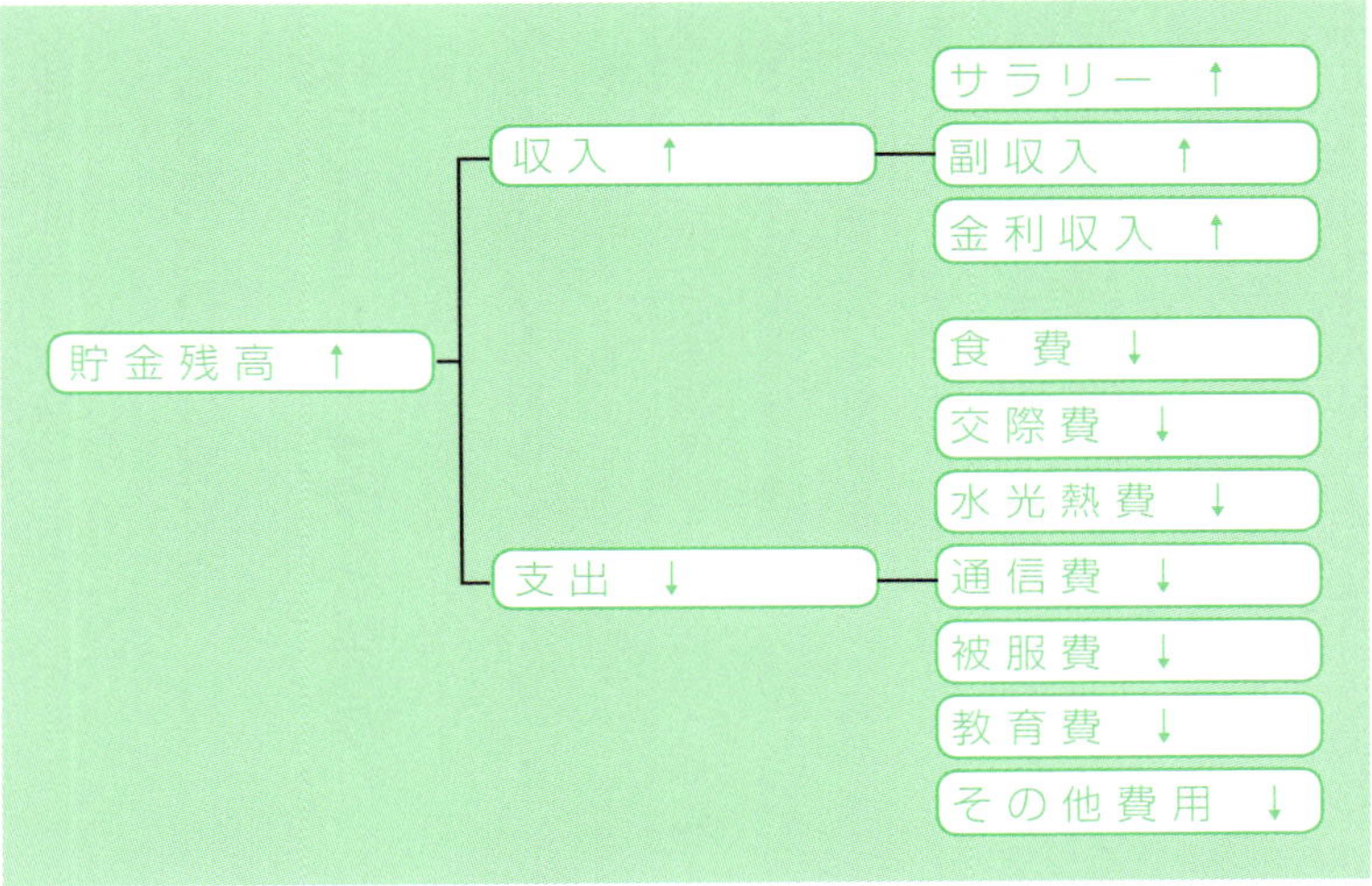

「相続税法」「消費税法また酒税法」「国税徴収法」「事業税または住民税」「固定資産税」という試験を構成する科目ごとの目標を立てます。

「200万円貯金する」という目標については、「預金残高」という最終目標を「収入」と「支出」に分けます。さらに、「収入」を「サラリー」「副収入」「金利収入」、「支出」を「食費」「交際費」「水光熱費」「通信費」「被服費」「教育費」などとブレイクダウンします。

そして、目標をブレイクダウンするだけでなく、時間順で整理しましょう（先ほどの「Time-bound」と関係します）。一つ一つの目標がブレイクダウンされて小さくなっても、同時に実現するのは困難で、時間順に実行する必要があります。

上の例で、「預金残高」を決定する各項目を時間順に整理する必要はありませんが（というより困難）、「税理士試験」については、いつから何を取り組むかという時間順の整理が必須です。

予測と目標は異なる

もう一点、予測と目標は異なるというのも、大切な注意事項です。

ビジネスでは、中期経営計画や年度予算を作るとき、市場動向を予測します。そして、市場動向の予測をそのまま目標としてしまうことがあります。

ある食品メーカーで営業企画を担当する園田さん（仮名）が、商品Aの今年度の目標を作ります。まず、外部の調査機関から「商品Aが属するペット用健康食品の市場は来年4％拡大しそうだ」という市場予測を入手しました。

この情報を元に園田さんは、「商品Aの売上高は来年4％増えそうだ」と商品の売上高を予測しました。そして、最終的に「商品Aの売上高を来年は4％増やそう」という目標を立てました。

ここで「4％拡大」というのはあくまで市場に関する一般的な予測で、それがそのまま商品Aに当てはまるわけではありません。仮に当てはまったとしても、目標に置き換えて良いわけではありません。

市場と自社商品では状況が異なります。また、何がしかの経営努力をします。こうした事情を勘案して、園田さんは以下のように目標を立てる必要があります。

市場の予測

「商品Ａが属するペット用健康食品の市場は来年４％拡大しそうだ」

⇩

自社の予測

「商品Ａはやや高価格なので、商品Ａの需要は２％増にとどまりそうだ」

⇩

目　標

「しかし、来期は営業活動を見直し、売上高を６％増やそう」

市場の予測「商品Ａが属するペット用健康食品の市場は来年４％拡大しそうだ」

⇦

自社の予測「商品Ａはやや高価格なので、商品Ａの需要は２％増にとどまりそうだ」

⇦

目標「しかし、来期は営業活動を見直し、売上高を６％増やそう」

市場と自社は異なること、予測と目標は異なることがポイントです。

●目標の見える化

良い目標を立てるという中身は大切です。ただ、それだけでなく、目標の見える化も意識しましょう。

目標は、立てた時には鮮明に覚えていますが、やがて記憶が薄れ、1か月も経つとすっかり忘れてしまいます。目標を忘れると、「何が何でも達成しよう」という意欲が失われてしまいます。そして、意欲が落ちると、活動レベルも低下し、目標を達成できなくなります。

忘れないためには、目標をいつでも目に触れる状態にしましょう。スマホの画面でも、手帳でも、トイレの壁でも構いません。自分なりに、日常的に目にしやすいところに目標を掲示しましょう。

私の場合、パソコンで仕事をし、Excelでスケジュール管理をしているので、目標をExcelのスケジュール表に張り付けています。朝昼晩に毎日最低3回スケジュールを確認するので、確実に数回、目標が目に入る状態です。

頭を「現役」にしておく

経済学者の野口悠紀雄さんは、『超発想法』の中で頭を「現役」にしておくことの大切さを強調しています。

ニュートンは、リンゴの落下を見て万有引力を発見しました。ちょっと嘘っぽいですが、本当の話のようです。ただし、リンゴを毎日見続けても、それだけでは万有引力を発見できません。ニュートンは、その直前まで万有引力と関係することを考えに考え続けていました。そして、思考が熟成されたときに、リンゴの落下を目にしたことが引き金となって、偉大な発見が生まれたのです。

斬新な発想を生むには、あるテーマについて情報をインプットし、考え続けることが大切です。そのことを野口さんは頭が「現役」の状態と表現したのです。

PDCAの目標を目に見える状態にしておくと、真剣に考えないとしても、目標を常に意識します。電機メーカーで美容機器の商品企画を担当する羽田さん（仮名）は、「高齢者に親しみやすいブランドを作る」という目標を立てました。そして、この目標を「ブランド」「高齢者」の部分をハイライトして、手帳に記しました。

それ以降、新聞・雑誌を読んでいても「今年のブランド調査結果」「高齢化で医療費が増大」といった「ブランド」「高齢者」と関係する記事は、自然に目に飛び込んでくるようになりました。友人とたわいのない話をしていても、「ブランド」「高齢化」と関係することは耳に強く入ってきます。

こうして、普通の状態なら素通りしていた情報が、どんどん羽田さんの頭にインプットされました。

目標を達成できるかどうかは、インプットの量に大きく左右されます。目標を見える化すると、頭が「現役」になり、インプットが飛躍的に増えます。見える化でインプットが増える状態にしておくと、目標達成の確率が高まるのです。

●目標を宣言しよう

また、自分自身が目標を見える状態にするだけでなく、周囲の人間に公表するのも効果的です。その昔、プロ野球の落合博満選手がシーズン前に「(ホームラン王・打点王・最高打率の)3冠王になる」と目標を宣言し、実際に3冠王になったことがありました。

目標を他人に伝えると、その人に会うたびに目標のことを意識するので、「現役」の状態が続きます。

また、「言った手前、ぶざまな失敗はできない」と考え、良いプレッシャーになり、モチベーションが高まります。

さすがに、FacebookなどSNSで見知らぬ人にも公表するのは差し障りがあるでしょう。友人・家族・同僚といった関係者に口頭で簡単に伝えるだけでも、十分に効果があります。広く、たくさんの人に伝えるかどうかよりも、口に出して他人に伝えるかどうかが問題なのです。

目標を見える状態にする。周囲の人間に宣言する。この2つをやってみるだけでも、目標達成の確率はぐんと上昇します。

4 計画を立案しよう

●計画書にまとめる

目標が決まったら、実現するための計画を作り、計画書にまとめます。計画の検討項目は、テーマによって大きく異なります。ビジネスにおける計画の代表的な検討項目は以下の通りです。

①計画名
②目標
③施策
④前提条件・制約条件
⑤リソース
⑥実施体制
⑦期待効果・収支予想

⑧スケジュール

それぞれの内容と計画づくりのポイントを紹介します（なお、①と②は最初にきますが、③以降の順番はそれほど重要ではありません）。

●計画名、名は体を表す

まず、①計画名。

「名前なんて、あってもなくてもいいだろ」と思うかもしれません。いえ、そうではありません。大きな目標を達成した計画には、たいてい計画名があります。原爆を製造した「マンハッタン計画」や人類初の月への有人宇宙飛行計画である「アポロ計画」は有名です。

計画名があると、それが一種の旗印になります。旗印があると、リソースや自分・関係者の意識をそこに集中させることができます。頭が「現役」になりやすくなります。とくに多くのメンバーが関係するプロジェクトでは、計画名があるとないとでは、「よしやるぞ！」というモチベーションや一致団結の度合いがまったく違ってきます。

基本的には、目標を簡潔な表現でまとめたものが計画名になります。よく〝名は体を表す〟と言われます。何をしてどういう目標を達成するのかがわかるように計画名をつけましょう。

計画書サンプル	
① 計画名	生き生き、明るい職場づくりプロジェクト
② 目標	組織の活性化、従業員満足度の向上
③ 施策	・業務プロセスの合理化 ・社内会議の改革 ・社内 SNS の導入
④ 前提条件	・制約条件・予算は最大 15 百万円 ・1 年以内に効果が認められる施策であること
⑤ リソース	・システム開発費 ・会議室など社内設備の利用
⑥ 実施体制	・町田主任をリーダーとする主任クラス４名のプロジェクト
⑦ 期待効果・収支予想	・従業員満足度調査・総合ポイント８点アップ ・残業時間・15%削減
⑧ スケジュール	1）調査分析、詳細計画　～2017 年 11 月 2）事業部長説明　2017 年 12 月 3）施策実行　2018 年 1 月～ 4）中間報告　2018 年 6 月 5）最終報告　2018 年 12 月

「体重55キロ、水着が似合う完ぺきボディ計画」

「333計画　売上3億円・新規獲得30件・社内3賞受賞」

目標達成に向けて活動し、元々の目標・計画からずれてきたという場合、計画名があると「あれ、計画と実態と違っているな」と気づきやすくなります。計画名は、PART4の評価・改善にも大いに関係するのです。

●施策を具体化する

次に、②目標を記しておきます。

ここでは、活動を通して達成したいことを明らかにします。


つづいて③施策。

目標達成に必要な施策を検討します。

まず、大雑把な項目レベルで施策を列挙します。必要な施策が漏れている状態はまずいので、漏れがないかどうか確認します。

必要な施策がだいたい出揃ったら、どう行動すれば良いかがわかるように、それぞれを具体化していきます。そして、最終的に大項目・中項目・小項目に分けて整理します。

●前提条件と制約条件を明らかにする

次に、④前提条件と制約条件を明らかにします。

前提条件と制約条件はよく混同されますが、かなり違います。

前提条件とは、計画を立案するにあたり、確証がないのに真実・確実であるとみなした要因のことです。

子供2人と奥様の4人家族の中田さん（仮名）は、「3年後に自宅を購入する」という目標を立てました。この目標について、「（おそらく）両親から資金援助を得られる」と想定して購入計画を立てたなら、前提条件です。

前提条件は、真実・確実ではなく、間違っていることがよくあります。そして間違っていたら大きなリスク要因になります。

中田さんの場合、期待・予定していた両親から資金援助を得られず、購入を断念するというリスクです。

主要な前提条件を洗い出し、リスクへの対策も考えるようにします。

制約条件とは、計画を制限する要因のことです。

住宅会社で営業を担当している大沼さん（仮名）が「新規顧客を50件獲得する」という目標を立てました。ここで、「販売予算を300万円しか使えない」と制限されているとしたら、これは制約条件です。

基本的には、制約条件を後から変更することはできません。満たすべき条件です。大沼さんは、「販売予算を300万円しか使えない」という制約条件を満たすように計画を作り、実行する必要があります。

まったく前提条件のない無リスクの計画はありません。また、まったく制約条件がないフリーハンドの計画もありません。計画を作成する中で、これらを明らかにしておきます。

●リソースを確保する

次に⑤リソース。

先ほどの③施策を実施するためには、リソース（resource 資源）が必要です。テーマの内容に応じて、以下のような色々なリソースが必要になります。

☑ 予算
☑ 時間
☑ 他者の協力・ネットワーク

✓ 情報
✓ 設備

必要なリソースの質・量を明らかにし、どのように調達するかも決めます。

●実施体制を決める

次に⑥実施体制。

職場でチームを組んで実施する場合はもちろん、家族や知人の協力を得て実施するような場合も、実施体制を決めます。

体制というと少し仰々しいですが、要は誰が何をするという役割分担のことです。プロジェクトチームなら、リーダー・記録係・折衝担当・分析担当といった役割分担を決めます。

役割分担の基本は、適材適所です。メンバーごとに得意・不得意がありますから、メンバーの希望を勘案して分担を決めます。また、メンバーが抜けても大丈夫なように、正担当と副担当とバックアップ体制をとっておきます。

日本の職場では、あまり明確に役割分担せず、「まあ、みんなで力を合わせて頑張ろう！」ということになりがちです。

しかし、忙しくなったり、作業の進みが悪くなったりすると、作業を押付け合う、とくに〝できる人〟に無理してもらうことになってしまいます。そうならないように、役割分担を明確にし、事前にメンバーで確認・共有しておきましょう。

また、長期に渡るプロジェクトの場合、マンネリにならないよう、実行段階で役割分担を時おり変更します。

役割分担は1回決めたら終わりというわけではありません。そのためには、日頃からメンバーの様子や要望を把握しておく必要があります。

●期待効果・収支予想を見積もる

次に、⑦期待効果・収支予想です。

活動を通して得られる効果を見積ります。

期待効果には、定量的なものと定性的なものがあります。両方を示します。

とくに、ビジネスで組織の承認を得て計画を実行する場合、利益が見込めることが承認の条件になります。

収入・支出を定量的に見積もって、損益計算書の形で収支予想をまとめます。

また、直接的な効果のほかに間接的な効果も考えられます。

間接的な効果とは、たとえば、ある事業部で新商品を出したら、その企業のブランド認知度が高まり、他の事業部の売り上げが増える、といったものです。間接的な効果も期待効果に含めて、計画書に記入します。

5 スケジュールは見える化がポイント

●スケジュールを具体化する

最後に、⑧スケジュールです。

目標には達成期限があり、いつまでに何をするということを明らかにする必要があります。

まず、施策とイベントを洗い出します。重要な施策・イベントに漏れがないよう注意します。

そして、小さなことでもできるだけ記録すると良いでしょう。

スケジュールは、見える化することがとりわけ大切です。

人の記憶は頼りにならないもので、小さなことはもちろん、かなり重要なことでも忘れてしまいます。

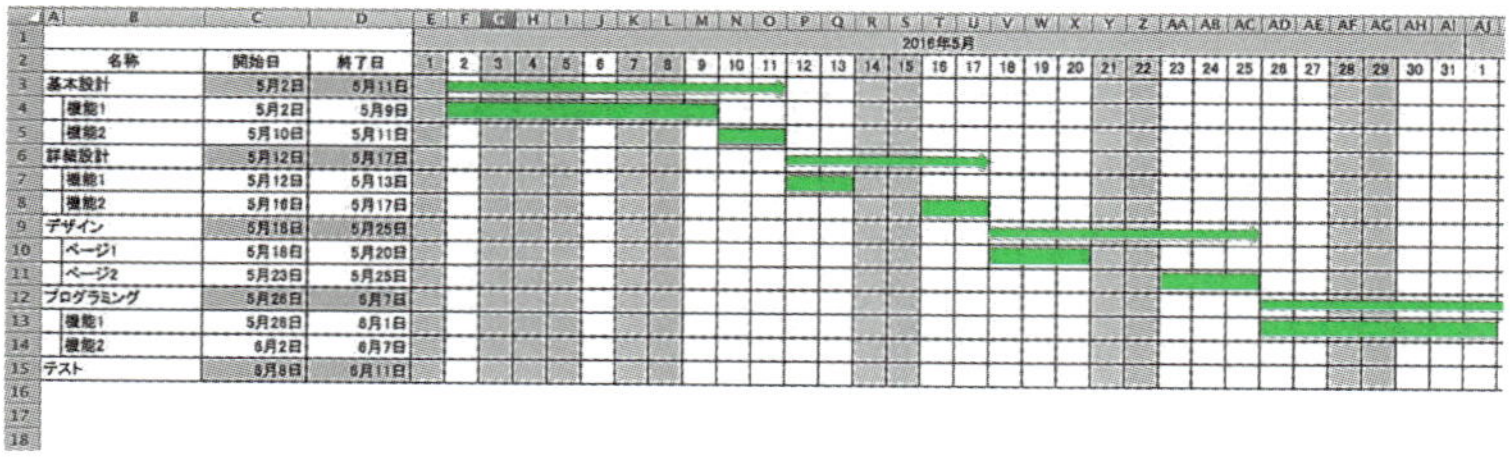

記録するだけでなく、見える化することで、うっかりミスを防ぐことができます。

複雑な目標では、計画書は膨大な量になることがあります。

ここまで説明してきた計画書の項目の中でも①計画名、②目標と③スケジュールについては、抜き出して手帳に張り付けておくなど**見える化すると良い**でしょう。

●ガントチャートで全体像を掴む

スケジュールの見える化で大切なのは、いつ何をするかがわかるだけでなく、全体像を掴めるようにすることです。

全体像が掴めると、軌道修正することができます。

「順調に進んでいるから、納期を少し早めようかな」

「ちょっと遅れているから作業のペースを上げよう」

全体像を掴むには、ガントチャートが有効です。ガントチャートは、縦に作業項目、横軸に日時（時間）をとって、横棒によって各作業を行う期間と進捗状況を視覚的に示すものです。

一般にタスクが多い複雑なプロジェクトでは、Ｅｘｃｅｌを使ってガントチャートを作成します。また、ガントチャート作成用の無料ソフトがたくさん公開されていますので、興味ある方は試してみてください。

●余裕を持ったスケジュール

スケジュールを組む際は、余裕を持たせるようにします。

計画策定時には予想しなかった急用が入ったり、特定の作業に思いのほか時間がかかったりして、予定通りに進まないことがよくあります。大きな困難な目標ほど、達成に時間がかかり、不測の事態に直面することが多くなります。

そこで、不測の事態によってＰＤＣＡが回らないということにならないよう、計画段階でバッファー（予備日）を含めておきます。「サバを読む」わけです。

たとえば、「８日あればできそうだな」という作業でも、２日バッファーを取って10日かかる予定を組みます。

作業には、自分でコントロールできることと自分ではコントロールできないことがあります。

たとえば、新ビジネスを立ち上げる場合、「市場調査」は自分でコントロールできます。しかし、「お客様にテストマーケティング」はお客様の都合があり、自分でコントロールできません。

一般に、自分でコントロールできる作業には短めのバッファーを、自分でコントロールできない作業は長めのバッファーを取ります。

Act

PART 4

できる！ 実行・評価・改善の実践

1 順序を決めて実行しよう／2 まずスタートを切る！／3 達成水準を見極めよう／4 短サイクルで評価しよう／5 成功・失敗の原因を分析する／6 改善し、成果を実現しよう／7 PDCAで成長する！

PART4のサジェスチョン

PDCAは、計画をDo実行し、Check評価し、Act改善し、完結します。

このPARTでは、計画・実行・評価を進めて成果を実現する考え方・技法・留意点を検討します。

1　順序を決めて実行しよう

●重要性と緊急性で優先順位を決める

目標と計画が決まったら、Ｄｏ実行します。

複雑・困難な目標の場合、実行するべきことがたくさんある一方、予算・時間・労力・他者の協力など使用できるリソースが限られます。あれもこれもと手をつけていては、期待通りの成果を実現することはできません。優先順位を明確にして、メリハリをつけて実行します。

優先順位を決める際は、重要性と緊急性を勘案します。

重要性と緊急性の両方が高い事がらを最優先します。重要性と緊急性の両方が低い事がらを後回しにします。

問題は、重要性は低いが緊急性は高い事がらと重要性は高いが緊急性は低い事がらのどちらを優先するか、という選択です。

絶対の正解はありませんが、小さな目標を確実に達成したいなら、重要性は低いが緊急性は高い事がらを優先します。大きな目標にダメ元で挑戦するなら、重要性は高いが緊急性は低い事がらを

		緊急性	
		高	低
重要性	高	①	②または③
	低	②または③	④

優先します。

「重要性」とは？

ところで、重要性とはいったい何でしょうか？

改めて聞かれると「はて？」と思うかもしれません。

重要性には、二つの側面があります。

一つは達成したい目標の内容に関する重要性です。

家庭用品メーカーで商品開発担当を担当する清水さん（仮名）は、新商品の企画を考えています。

ここで、他社にない画期的な商品コンセプトが消費者にとって最も重要だとしたら、清水さんにとって、「商品コンセプトを考える作業（コンセプトメーク）が重要」となります。

よく「付加価値を生む業務が重要」と言われる通

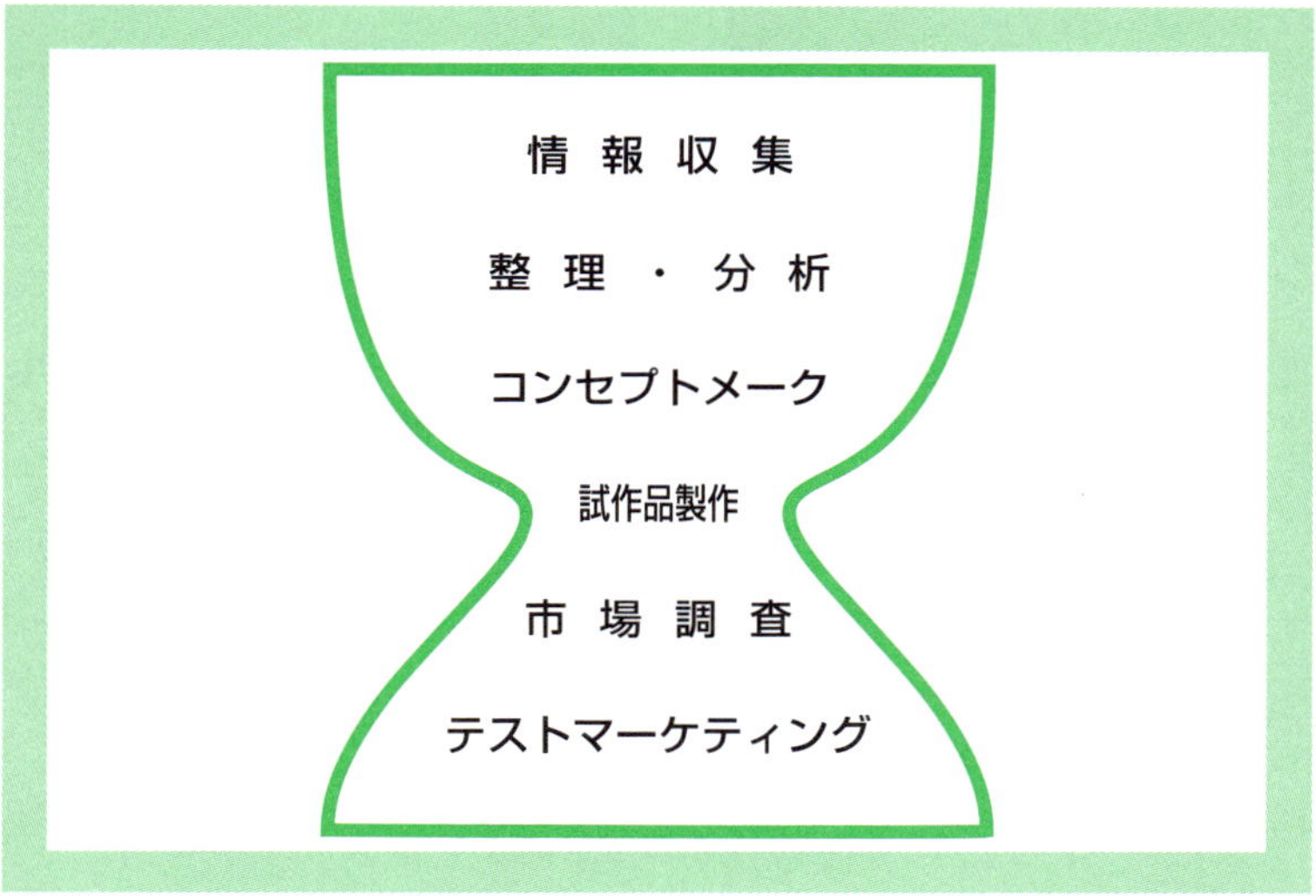

りです。

●プロセスのボトルネックに注目する

重要性には、もう一つの側面があります。それは、実行プロセスから見た重要性です。

清水さんは、「情報収集」「整理・分析」「コンセプトメーク」「試作品製作」「市場調査」「テストマーケティング」というプロセスで商品開発を進めています。

ここで、会社の予算の都合で清水さんが「試作品製作」に取り組めない状態になりました。「試作品製作」をクリアしないと次の段階に進めないなら、「試作品製作」がプロセス全体のパフォーマンスを決めることになり、「試作品製作が重要」となります。

業務を進めるプロセスの中で品質・コスト・時間など管理指標を左右する要因のことを**ボトルネック**

と言います。ボトルからミルクが出てくる量は、ボトルの胴体の面積ではなく、狭くなっているボトルの首（ボトルネック）の面積が左右することからこういう表現をします。

清水さんの商品開発プロセスでは、「試作品製作」がボトルネックです。すでに満たされている胴体の広い部分に懸命に取り組んでも、労力の無駄です。業務のボトルネックを見つけ出し、広げるよう、重点的に対処します。清水さんは、まず「試作品製作」に全力で集中します。

内容的な重要性とプロセスの重要性は一致することもありますが、必ずしも一致しません。「重要な仕事から重点的にやろう！」というとき、重要性の意味を複眼的に考えるべきなのです。

2 まずスタートを切る！

●最初の一歩が肝心、だが難しい

ところで、物ごとを実行するときに一番苦労するのは、最初の一歩を踏み出してスタートを切ることでしょう。

あらゆることで、最初の一本に関する悩みを耳にします。

「最初の一歩がなかなか踏み出せない」

「スタートさえ切れば、あとはどんどん進むのになぁ」

夏休みの宿題を2学期開始前に慌ててやるように、なかなかスタートを切れず、かなり切羽詰まった状態に追い込まれないと着手しません。

夏休みの宿題なら、スタートが遅れても、最後の3日くらい頑張れば済みます。しかし、長期間かけて大きな成果を実現しようという場合、スタートの遅れによる時間の浪費は、最終的な成果に響いてきます。

また、ビジネスでは、競争相手よりも先に取り組んだ方が有利になるという先行優位性という考え方があります。新たに商品や事業を展開しようという場合、最初の一歩の遅れが致命傷になりかねません。

タスクを分割してスタートを切る

最初の一歩を踏み出すには、短期の小さな成果を意識することが大切です。長期の大きなタスク（業務）を複数の短期の小さなタスクに分けて、目の前に小さなタスクで一歩踏み出します。

営業担当者が顧客向けに行うプレゼンテーションのスライドを作成するとします。３週間かけて

50ページに及ぶスライドを仕上げるというと、たいていの人は途方に暮れてしまいます。

そこで、「50ページのプレゼンテーション資料作成」という大きなタスク（業務）を小さなたくさんのタスクに分割します。

「テーマ形成」
「情報収集」
「ストーリー作り」
「フォーマット作成」
「スライド作成」

長期の大きなタスクには「ちょっと無理」とたじろぐ人でも、短期の小さなタスクなら抵抗感なく着手することができます。無事にスタートを切り、軌道に乗せることができます。

ワタミの創業者・渡邉美樹さんは、短期の目標と実施項目を手帳に書いておいて、達成するたびに赤ペンでぐちゃぐちゃと消していくそうです。

その昔、渡邉さんの講演で実際にその手帳を見せてもらったのですが、手帳は真っ赤でした。短期の小さな成果を積み重ねていくことで、大きな夢の実現へと近づいていくのです。

その日にやることを書き出す

あることを実行するとき、時間的な単位が問題になります。作業・タスクの時間的な単位を明らかにします。

「1年間でやること」
「1か月でやること」
「1週間でやること」
「1日でやること」

それぞれの単位で、着手する前にやるべきことを明らかにしておきます。とくに短期の成果という点では、1日単位で毎日その日やるべきことを明確に決めるようにします。

一口に「やるべき」といっても、レベル感の違いがあります。以下の3種類に分類します。

A・最低限やるべきこと（must）
B・標準的な状態でやるべきこと
C・余裕があったらやるべきこと

寝る前に翌日やるべきことを、遅くとも朝の始動の前にその日にやるべきことを明確にし、ABCで分類しておきましょう。

[To Do List]

〈A〉

・葬儀市場のデータ分析

・資材課・松井さんに見積もり作成依頼

〈B〉

・調査報告書提出

・外部取材のアポ取り

〈C〉

・サービスの企画立案

・連絡会の案内

頭で考えるだけでも効果がありますが、手帳など管理ツールに記すと良いでしょう。

いわゆる〝To Do List〟です。管理ツールに記すと頭が「現役」の状態になり、達成意欲、さらには達成可能性がぐんと高まります。

時間をかけて丁寧に書く必要はありません。余った紙に単語レベルで殴り書きし、ポケットに忍ばせておくくらいでも構いません。考えて記入するという行為が大切なのです。

●その日のうちにその日のことを終える

その日にやるべきと決めたことは、その日のうちに終えましょう。

その日にやるべきことを終え、小さな達成感を積み重ねることが大切です。

もちろん、突発の仕事が入った、気分が乗らない、体調がすぐれない、といったことがよく起こります。やろうと思ったことをすべてできるとは限りません。

ただ、そういう中でも「A・最低限やるべきこと」は、何とか実行しましょう。完全ではなくても部分的にでも「着手する（手を着ける）」ようにします。

たとえば、私はいまこの本を執筆しています。本業のコンサルティングや研修をやりながらの執筆なのでそこそこ忙しいのですが、どんなに他の予定がびっしり満載という日でも、最低５００字は書くようにしています。

全体のボリュームから見ると、別にその日５００字書いても書かなくても、大きな影響はありません。

ですが、毎日書くことで、頭が「現役」になりますし、書くリズムができるからです。

「最低これだけはやろう」と決めたことをやり遂げると、達成感が得られます。達成感が得られると、「よし、明日も頑張るぞ！」という気持ちが高まります。これを何回か繰り返すと、逆にやらないと気持ちが落ち着かなくなります。そして、とくに意識しなくてもできるようになり、習慣化するのです。

3 達成水準を見極めよう

●100%実行することにこだわらない

「達成」という言葉について、注意するべきことがあります。それは予定していた実行項目を100%やり切ることが達成ではない、ということです。

100%やりきるのが好ましいのは、もちろんのことです。ゴルフを上達するために「毎日50回素振りをする」と決めたら、できるだけ50回やりきるようにします。

ただ、途中で別の用事が入ったり、腕がだるくなったりして、途中であきらめることがあります。20回で止めたら、「達成できなかった」と判断しますか。

真面目な人は、そう考えますね。しかし、ゴルフの上達という効果に関して言うと、おそらく20回と50回でそれほど大きな違いはありません。さすがに、始めてすぐ5回で止めたら「達成できなかった」となりますが、20回やったら「達成した」とみなすべきでしょう。

120ページのABCという分類は、実行項目の選択だけでなく、達成水準の判断にも使えます。「50回」を標準的な状態Bとし、「20回」を最低限やるべきことのA、「80回」をチャレンジ目標の

Cと設定し、Aの「20回」をクリアしたら「達成した」とみなすわけです。Bましてや Cを達成できなくて、気にする必要はありません。「ああ、やっぱりできなかった…」と挫折感を味わうのは、精神衛生上、良くありません。

最低限のAを着実に実行して「やったぞ！」と思うことが、気持ちを前向きにさせ、長く続けて習慣化することにつながるのです。

ルールに基づいて実行する

Do実行でもう一つ心掛けていただきたいのは、ただ実行するのではなく、ルールに基づいて実行することです。

PART3でルールについて説明しました。設定したルールを意識し、ルールを守って実行するようにします。

「成果が出れば、ルールとかやり方なんてどうでもいいではないか？」と思われるかもしれません。たしかに、1回きりのことに取り組むなら、そういう理屈もあります。

しかし、PDCAは、1回きりでおしまいでなく、PDCAの結果を次のPDCAに生かすというサイクルの繰り返しです。

たとえば、保険で営業を担当している川崎さん（仮名）が会社の定める営業のルールを無視して営業活動をし、見事に大きな契約を獲得しました。結果は「めでたし、めでたし」ですが、ルールを意識してないと、なぜうまく行ったのか、理由がよく掴めません。

次のお客様も今回とよく似たお客様なら、川崎さんの営業はまたうまく行くかもしれません。しかし、今回と違ったタイプのお客様だと、再び幸運がない限りうまく行かないでしょう。

一方、ルールを強く意識して活動すると、成功・失敗の原因を容易に把握することができます。川崎さんの保険会社には、「お客様に見積書を説明した後、説明が十分だったかどうかをお客様に確認する」というルールがあります。川崎さんは、このルールを破ってお客様と契約し、後でお客様から「説明が不十分だった」というクレームが来ました。川崎さんの営業活動の問題点がわかりました。

ルール、とくに組織のルールは過去の経験の蓄積から合理的に作られていますから、できるだけ尊重します。

ただし、ルールが実態と合っておらず、間違っていたということもあります。そういう場合は、ルールを見直していきます。

ルールを無視・軽視して成果を出しても、次の成功はありません。ルールを意識し、正しい方法で実行すると、成果が出やすいというだけでなく、仕事そのものが進化して行くのです。

4 短サイクルで評価しよう

●成果とやり方の両方を評価する

つづいてCheck評価。

計画を実行したら、やりっぱなしにせず、必ず評価します。

評価するのは、活動の成果とやり方の両面です。

まず、目標の達成度合いを評価します。新規事業で「2年目に利益5億円」という目標を掲げていたとしたら、2年たったところで評価し、利益が3億円だったら、「達成率60％」という評価になります。

目標には、最終的な目標だけでなく、ブレイクダウンした小さな目標もありますから、こちらも評価します。新規事業なら、「売上高」「販売数量」「シェア」「コスト」「利益」「顧客満足度」といった目標があるでしょう。

また、活動の仕方についても評価します。さきほど触れたとおり、ルールに則って正しい方法で実行したのかどうかを評価すると、その後のAct改善の効果が大きくなります。

●評価のサイクルを短くする

ここで大切なのは、評価のサイクルをできるだけ短くすることです。

企業は年度単位で事業運営するので、全社や事業部門の計画を1年ごと、半年ごと、四半期ごとに評価します。

職場レベルの計画だと、毎月とかもう少しサイクルが短くなります。

個人の自己啓発・趣味・投資といった計画では、さらに短く週単位、あるいは毎日評価すると良いでしょう。

職場では、会社の規則で、半ば強制的にＰＤＣＡを回すことになります。一方、個人の場合、上司から強制されることがないので、注意が必要です。

３か月ごと、１か月ごとと間隔を空くと、評価が習慣化していない状態になり、「さて、評価するか」と重い腰を上げる必要があります。そして、「面倒だし、まあ今月はいいか」となり、ＰＤＣＡが回らなくなってしまいます。

そうならないためには、できるだけ短期のサイクルで評価を繰り返し、評価を日常の作業にします。

1～2分でも毎日評価する

理想は、ほんの少しでも良いので毎日Do実行し、毎日Check評価し、毎日Act改善を行うことです。

毎日評価すると、評価という行為が特別なことではなくなります。続けると、やがて習慣化し、PDCAが確実に回るようになります。毎日少しでもDo実行し、毎日その結果をCheck評価するのが、PDCAを習慣化するコツです。

当然、毎日評価するとなると、30分も1時間もかけるわけにはいきません。テーマ・計画にもよりますが、できれば1～2分、長くても5分以内で手早く評価の作業をします。

仕事関係の計画なら、一日の業務が終えてPCを閉じる前に評価します。

仕事関係以外の計画なら、就寝前に評価します。

1～2分で評価を済ませようとすると、当然、たくさんの項目を確認することはできません。PART2でも説明したとおり、評価する管理項目を極限まで減らします。

私は、株式投資について、購入・売却という取引（＝Do実行）のあるなしに関係なく、毎日評価しています。取引をした日は、P65の管理表を記入しますが、取引をしなかった日も「資産残高」と「日経平均株価」をExcelの管理表に入力しています。

[残高管理]

	日経平均	資産残高	アウトパフォーム
2016年末 9月末 前日 10月6日	19,114 20,356 20,628 20,690	154,420 168,924 170,332 170,709	
（前年末比） （前月末比） （前日比）	8.2% 1.6% 0.3%	10.5% 1.1% 0.2%	2.3% -0.6% -0.1%

＊毎日記入するのは灰色の箇所

＊資産残高は架空の数字

図のように日経平均の伸び率と比較して自分の資産残高の伸び率が表示されるので、比較します。「日経平均は前日比1％増、資産残高は前日比1・5％増、問題ないな」。これだけなら1〜2分で終わります。

そして、1か月が終わったら、1年が終わったら、少し長めに時間をとって、じっくり振り返りをしています。

5 成功・失敗の原因を分析する

●負け試合には原因がある

評価を行い、計画と実績に差異があったら、必ず原因分析をしましょう。

計画が未達成だと、「一刻も早く対策を打ちたい」「遅れを取り戻したい」と焦ります。しかし、失敗の原因がわからないと、適切な対応を取ることができません。正確に原因を把握できるかどうかで、次のＡｃｔ改善が大いに違ってきます。

プロ野球解説者の野村克也さんは、「勝ちに不思議の勝ちあり、負けに不思議の負けなし」と言いました。負け試合には､必ず原因があります。「ちゃんと実行したのに不思議だなぁ」「運が悪かったよ」で済ましてはいけません。

ここで負け試合とは、計画が未達成の場合のことです。

たとえば、株式株資で資産残高を３％増やす計画だったのに１％しか上がらなかったら、資産残高が増えていても負け試合です。逆に、マイナス３％の計画だったのに（マイナスの計画を立てることはあまりありませんが）、マイナス１％だったら、勝ち試合になります。

「なぜを5回繰り返せ」

原因分析で大切なのは、真因を突き止めることです。

原因と結果の関係のことを因果関係と言います。因果関係には、原因「昨夜深酒をした」―結果「朝寝坊した」といった単純なものもあれば、「景気動向」のように原因と結果が複雑に絡み合うものもあります。

そして、ＰＤＣＡが回らない典型的なパターンは、複雑な因果関係で真因＝真の原因を特定できず、適切なＡｃｔ改善策を打てない場合です。

因果関係が不明確なまま勘・経験・度胸（ＫＫＤ）で改善を進めると、改善がうまく行きません。そもそも、あれこれともがくだけで改善にまで進めなかったりします。改善がうまく行かないと思うように成果が出ず、ＰＤＣＡが回らない、という結果になってしまうのです。

真因を突き止めるには、トヨタ用語で「**なぜを5回繰り返せ**」と言われるように、「なぜ？」を繰り返します。

「原因の、原因の、そのまた原因は？」と突き詰めていきます。たとえば、都内にあるイタリアン・レストランのオーナーの真田さん（仮名）が、ある月に60万円の利益を上げる計画だったのが、実績は40万円で、計画を20万円下回りました。なぜなぜで原因を究明します。

「なぜ利益が未達成？」
↓原因「売上高が15万円計画を下回ったから」
「なぜ売上高が未達成？」
↓原因「客数が想定を90人下回ったから」
「なぜ客数が未達成？」
↓原因「リピート率が30％落ちたから」

結果	原因／結果	原因／結果	原因／結果	原因／結果	原因
利益未達成	売上計画下回る	客数想定下回る	リピート率低下する	メニュー刷新不評	食材ケチった

「なぜリピート率が低下？」
↓原因「メニューのリニューアルが不評だったから」
「なぜリニューアルが不評？」
↓原因「食材をケチったから」

「利益が未達成」という最終的に問題に対して「売上高が15万円計画を下回ったから」という抽象的な原因だけでは、真田さんは何をどうしたら良いのかわかりません。

しかし、こうして〝なぜなぜ〟と繰り返すことで「食材をケチった」という具体的な原因を掴むことができました。

この「メニューのリニューアルで食材をケチった」という原因を踏まえて、真田さんは「高級な食材への変更」という対応策を取りました。これがAct改善です。

●MECEを確認する

真因を突き止めるには、もう一点、MECEを確認する必要があります。

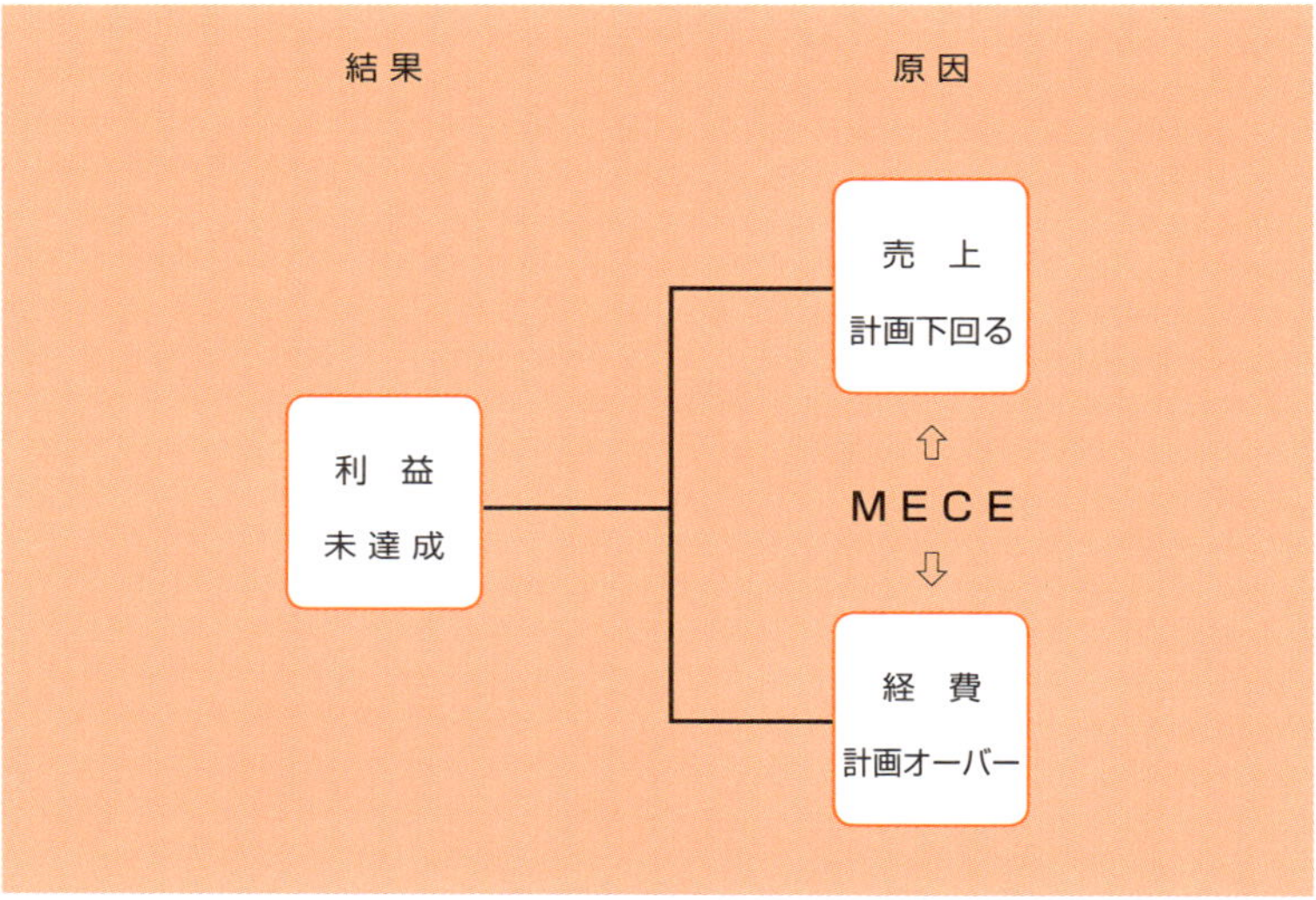

ＭＥＣＥ（〝ミッシー〟と読みます）とは、Mutually Exclusive, Collectively Exhaustive の略で、ある対象についてダブりとモレがない状態です。原因分析では、とくに大きな原因がモレていては困るので、ＭＥＣＥかどうかを確認します。

さきほどのレストランでは、「利益が計画を20万円下回った」うち、15万円は「売上高の未達成」が原因でしたが、残りの５万円はどうでしょう？

利益 ＝ 売上高 － 経費

なので、「経費が計画を５万円オーバー」したことになります。つまり、「利益が20万円未達成」の原因は、「売上高が15万円未達成」と「経費が５万円オーバー」の２つが揃ってＭＥＣＥと言えるのです。

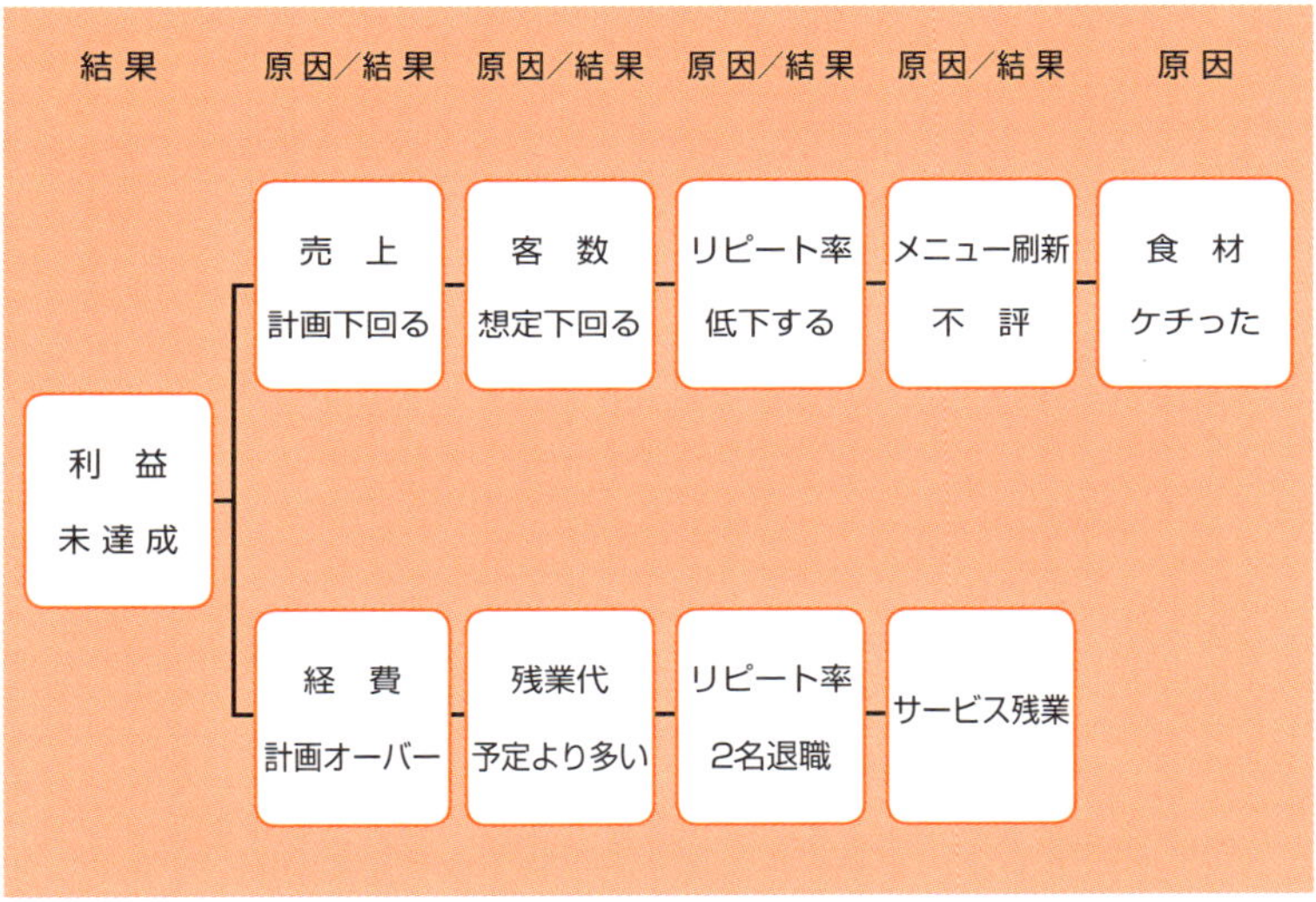

そして、真田さんは、「経費が5万円オーバー」についても、さきほどの「売上高が15万円未達成」と同じように、なぜなぜ分析をしました（5万円が軽微な問題だと考えるなら、あえて原因分析をしません）。

「なぜ経費が5万円オーバーした？」

↓原因「残業代が予定よりも多かったから」

「なぜ残業代が多かった？」

↓原因「パートが2名退職したから」

「なぜパートが2名退職した？」

↓原因「サービス残業があったから」……


PDCAでは、最終的にAct改善を行いますが、改善のベースになるのが、なぜなぜとMECEによる正確な原因分析なのです。

6 改善し、成果を実現しよう

●原因に基づいて改善する

ＰＤＣＡの最後は、Ａｃｔ改善です。

さきほどの通り、計画が未達成に終わったら原因を分析し、原因に応じた対応策を検討・実行します。

改善についても、Ｄｏ実行と同じように、重点的に実施することが大切です。

一つの問題に対し、一つしか改善策がないということはまれで、たいていいくつかの改善策があります。その中からベストの解決策を選びます。

ある工作機械メーカーの工場で、最近、組み立て作業のミスが原因で不良品が増えています。作業監督係の担当者は、「このところ監督項目が増えて、なかなか作業監督係の目が行き届きません。現在４名の作業監督係を２名増員し、６名体制にしてもらえませんか」と工場長に要望しました。

工場長が作業監督係の増員を検討していたところ、教育訓練係の担当者から「作業ミスを減らすには、作業員への教育訓練が必要です。教育訓練予算を６００万円増額してください」という要望が届きました。

２人から提案を受けて、色々な解決策がありそうなことに気づいた工場長は、工場内の各係に作業ミスを減らすためのアイデアを提出するように求めました。「思いつくアイデアをすべて聞かせてください。できる、できない、を考える必要はありません」。

すると、各係から色々な改善案が出てきました。

「作業者の増員」

「組み立て作業の機械化」

「作業プロセスの改善」

「製品設計の簡素化」

工場長は、これらのアイデアを比較検討し、最終的に「作業プロセスの改善」を実施しました。

当初提案があった「検査係を２名増員」では1千万円以上のコストアップになるのに対し、「作業プロセスの改善」では、コストアップはなく、作業ミスを減らせて、問題を解決することができました。

●アイデアを列挙することから始める

もし工場長が、最初に提案された「作業監督係の2名増員」をそのまま採用していたら、どうでしょう。

不良品は減るかもしれませんが、ベストの改善策ではなかったことになります。

改善策の効果は、基本的に列挙した改善策のベストのものを上回ることはありません。改善策を実行した後になって、「作業プロセスの改善とか、もっと色々な改善策があったな」と気づくことがないようにしなければいけません。

そのためには、目についた改善策に飛びつくのではなく、まず改善策を列挙します。工場長が指示したように、できる・できない、好き・嫌いといった判断は抜きにして、**考えうる改善策をすべて挙げます**。

そして、出てきた改善策の中から、期待効果・重要性・緊急性・リスクといった基準で順位付けをし、ベストの改善策を選びます。

あれもこれもでなく重点的に実施します。

思いついた解決策A・B・Cの中からAを選んだ

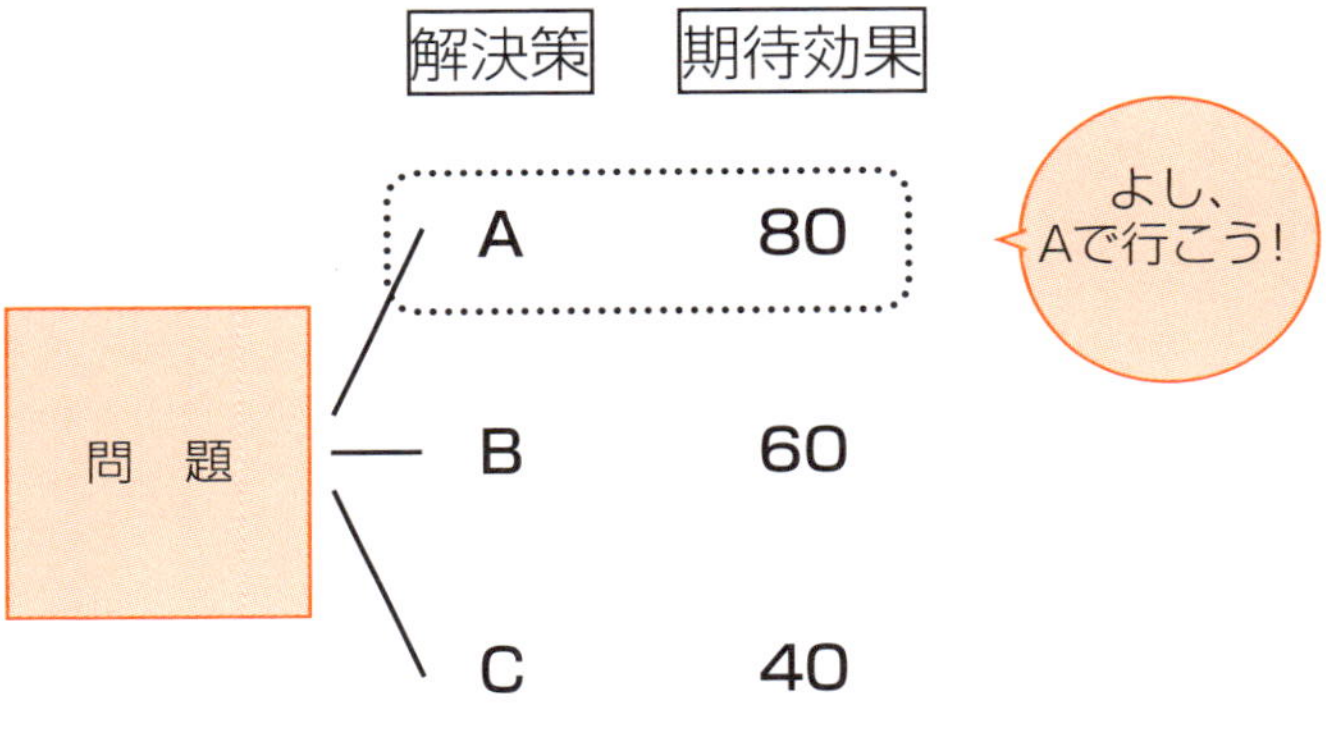

Aを実行した後、XとYという別の解決策があることに気づいた

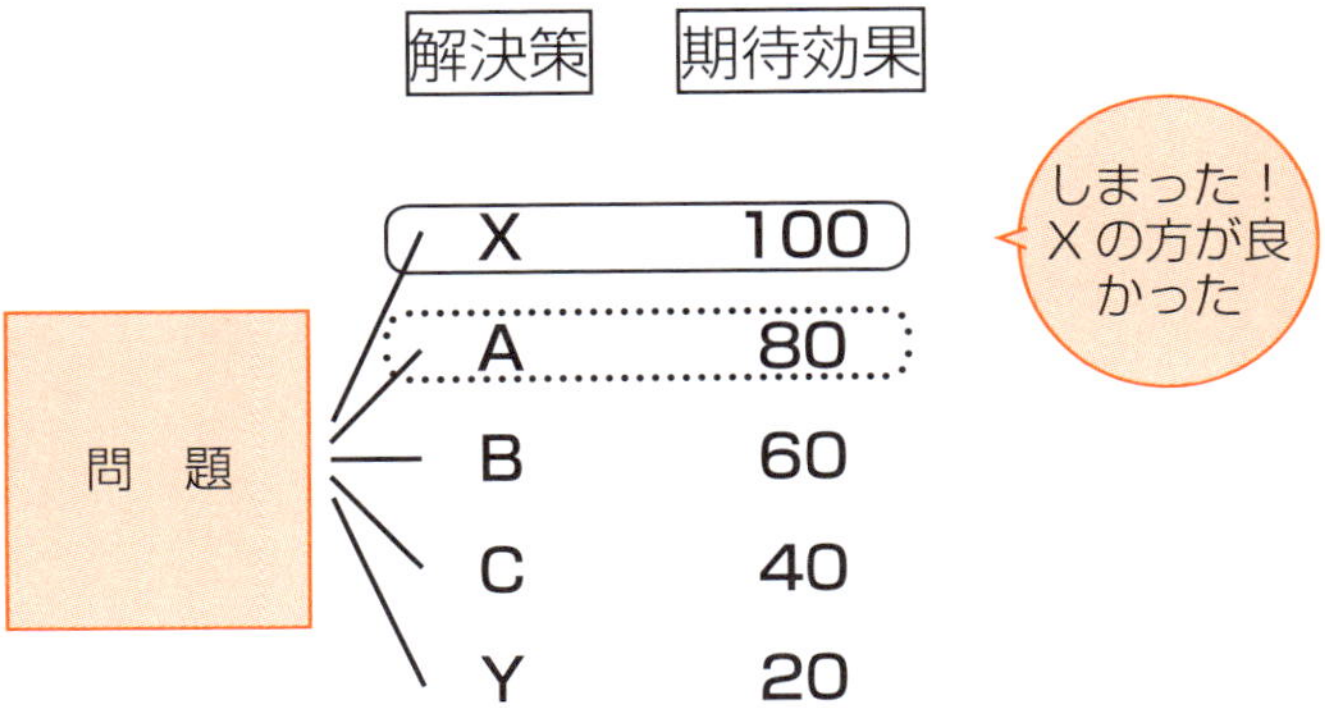

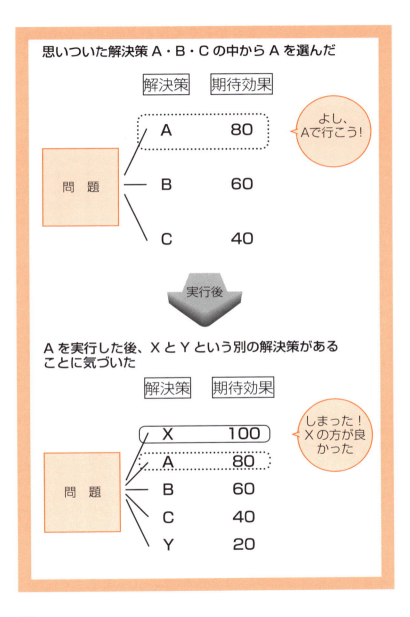

●試行錯誤は避けられない

改善は、１回で終わるとは限りません。

Ｐｌａｎ計画を立て、Ｄｏ実行し、そのまま成果を実現するのがベストです。１回の改善で成果を実現するのがセカンドベストです。

しかし、大きな、困難な目標だと、ベストやセカンドベストで成果実現にたどり着くことはまれです。二度・三度と実行・評価・改善を繰り返します。

つまり、試行錯誤（trial and error）です。

まず、ベストやセカンドベストを願うのではなく、試行錯誤が当たり前なのだと覚悟を決めます。覚悟を決めると、改善を通して目標達成に近づいて行くのを楽しむ心の余裕が生まれます。

ただ、何度も壁にぶち当たり、試行錯誤が続くと、やはり精神的にめげます。そこで、試行錯誤の回数を減らし、期間を短くするよう、「正しい試行錯誤」を心掛ける必要があります。

「正しい試行錯誤」とは、後戻りがなく、着実に成果を積み重ねて前進し、目標に近づいていく状態です。

やみくもに色々と試すのではなく、改善策を比較した上で実施します。そして、改善してできたこと、できなかったことを把握し、同じことを繰り返すのを避けます。そのためには、改善策と実施状況を記録することが大切です。

前に進まない試行錯誤は苦痛です。前に進む「正しい試行錯誤」だと試行錯誤が苦にならなくなります。

7 PDCAで成長する！

●成功しても失敗しても成長する

これで、PDCAが終わりました。

目標を達成できて、「よし、やったぞ」と満足しているでしょうか。

目標を達成できず、「あのときこうすれば良かった」と後悔しているでしょうか。

大きな目標を達成できたら、大きな自信を手に入れることができます。

「PDCAなんて簡単」と豪語する人もいますが、挑戦的な目標を掲げ、長期間にわたって着実に努力し、冷静沈着に軌道修正し、粘って成果を実現するというのは、容易なことではありません。

困難なことを成し遂げたという自信は、人を大きく成長させてくれます。

では、目標を達成できなかったらどうでしょうか。

当然、「悔しい」と歯ぎしりします。

「あのとき、ああすれば良かった」と思うこともあるでしょう。

ただ、失敗を取り戻すチャンスは、いくらでもあります。「悔しい」という思いが強いほど、「よし、次はしっかりやるぞ」と決意が新たになります。決意が新たになると、次のチャンスでは、より大きな目標により良い方法で挑戦します。そして、次は大きな成果を実現できるだけでなく、人として成長することができます。

つまり、ＰＤＣＡでは、目標を達成できても、できなくても、人として大きく成長することができるのです。


ロミンガー社などの調査によると、社会人の成長は約7割が経験によって得られるそうです。成長の7割が経験、2割が他人からの薫陶、1割が研修・読書から得られることを「70：20：10の法則」と呼んでいます。

仕事で大きな成果を上げた経験、失敗してお客様に迷惑をかけてしまった経験、さまざまな経験によって成長が得られるのです。

●PDCA全体を振り返る

ただし、PDCAを経験すれば無条件に成長できるわけではありません。PDCAを通して成長するためには、一つ重要な約束事があります。

それは、PDCAを振り返ることです。リフレクション（reflection）と言います。日本語で「内省」、簡単に言うと「振り返り」です。教育学の世界では近年、成長のためにはリフレクションが重要だと言われています。

PDCAを一通り終えて、たいてい誰しも目標を達成できたかどうか、最終的な成果を得られたかどうか確認します。しかし、PDCA全体を振り返るという人は滅多に見かけません。

これは、非常に残念なことです。

経験を積んで大きく成長する人もいれば、せっかく色々と経験を積んでいるのにあまり成長しない人がいます。そして、経験を通して大きく成長する・しないの分岐点となるのが、リフレクションです。

PDCAが終わったら、記憶が鮮明なうちにリフレクションをしましょう。経験を冷静に、客観的に、深く、幅広く振り返ると、良かった点・悪かった点がわかってきます。そして、良かった点は自信になり、悪かった点は今後の改善点になります。リフレクションによって、成功も失敗も成長の糧になるのです。

●リフレクションの項目

では、ＰＤＣＡという経験についてどういう点をリフレクションすれば良いでしょうか。ＰＤＣＡのリフレクションの代表的な項目は以下の通りです。

- ☑適切なメソッドを確立した上で、ＰＤＣＡに着手したか？
- ☑メソッドは適切だったか？　どういう点が適切・不適切だったか？
- ☑目標・Ｐｌａｎ計画・Ｄｏ実行・Ｃｈｅｃｋ評価・Ａｃｔ改善はそれぞれ適切だったか？　どういう点で適切・不適切だったか？
- ☑全体に良かった点は？
- ☑全体を通して悪かった点は？
- ☑次のＰＤＣＡに生かしていくことは？

ポイントは以下の４つです。

①最終的な成果だけでなく、ＰＤＣＡ全体を幅広く振り返る
②ＰＤＣＡそのものだけでなく、メソッドも含めて振り返る

③不適切だった点だけでなく、適切だった点も振り返る
④次のＰＤＣＡに生かす点を確認する

この４つを意識して振り返りをしましょう。

なお、振り返りは、頭の中で考えるだけでも効果がありますが、手帳に書き出したり、ＰＣに記録したりすると、より効果的です。

次のＰＤＣＡに役立てる

４つ目の「次のＰＤＣＡに生かす」という点について、少し補足します。

マイホームの購入のように一生に一度あるいかないか、というＰＤＣＡのテーマもあります。しかし、大半は、会社の業務のように何度も繰り返し取り組むテーマや自己啓発・投資・趣味・健康など継続的に取り組むテーマです。

繰り返し取り組むテーマや継続的に取り組むテーマについては、ＰＤＣＡを一通り終えて振り返ったら、必ず次のＰＤＣＡにどう生かしていくかというポイントを整理しましょう。

振り返りを次に生かすことができると、次にＰＤＣＡを回すとき、より良いＰＤＣＡになります。

これを繰り返すと、図のようにＰＤＣＡのレベルがらせん状にスパイラルアップしていきます。よくＰＤＣＡを「ＰＤＣＡサイクル」と言います。リフレクションを行うことによって、ＰＤＣＡが単なるプロセスからＰＤＣＡサイクルになるのです。

PART 5

ＰＤＣＡの達人になる十か条

第１条〝良い問題〟を捉える／第２条 キャリア目標を鷹揚に考える／第３条 パレートの法則を意識する／第４条 時間管理に卓越する／第５条 モチベーションを維持し、高める／第６条 最高の集中力を発揮する／第７条 他人と協力して大きなことを成し遂げる／第８条 幸運を自覚しよう／第９条 合理的に目標を断念する／第10条〝勝ちパターン〟を作る

PART5のサジェスチョン

PDCAの達人になる十か条があります。

このPARTでは、PART4までの基本事項を踏まえて、ワンランク上のPDCAを実践し、PDCAでより大きな成果を実現し、成長するためのポイントを10個にまとめ紹介します。

第1条　〝良い問題〟を捉えよう

●問題はやっぱり悪いこと？

ＰＤＣＡの達人になるための条件の一つ目は、ＰＤＣＡのテーマ選定で、〝良い問題〟を捉えることです。

問題と聞いて、たいていの人は否定的に考えます。

「まったく困ったなぁ」

「なんで俺が担当の時に問題が起こるんだ、運が悪いよ」

たしかに、私たちがビジネスや家庭生活で直面する問題のおそらく8割以上は、困ったこと、厄介なことです。良い悪いで言うと、〝悪い問題〟です。

部品メーカーで業務担当をしている香川さん（仮名）は、普段は正確に仕事をしていますが、ある日、サンプルの送付先を間違えてしまいました。A社に送付するべきサンプルをB社に、B社に送付するべきサンプルをA社に送ってしまったのです。両社から問い合わせと苦情が届きました。

早速、香川さんは両社を訪問して謝罪し、正しいサンプルを渡し、間違ったサンプルを回収しました。香川さんの迅速・丁寧な対応に両社とも納得し、事なきを得ました。

この「サンプル送付先の間違い」は悪い問題です。最終的にサンプルは届きましたし、取引関係も悪化せずに済みました。「やれやれ」というところですが、手間・時間・コストがかかっており、香川さん・会社にとってマイナスだったからです。

●良い問題とは？

帰社した香川さんは、今回の問題の原因を調べました。原因は、倉庫担当者に発送を指示する文書の記入間違いでした。

そこで、香川さんは、指示文書の書式を見直すとともに、倉庫担当者に指示する前に上司にチェックしてもらうことにしました。この変更によってその後、サンプル発送業務において指示文書のミスが大幅に減りました。

この「指示文書の記入間違い」は、結果的に〝良い問題〟でした。なぜなら、問題発生前と比べてサンプル発送業務が改善したからです。問題を解決することによって、問題発生前と比べて良い状態になるなら、問題は良いことと言えます。

さらに香川さんは、サンプル発送業務の自動化に取り組みました。現在、この業務が香川さんにとってそれほど負担になっているわけではありません。ただ、会社は来年以降、新商品を多数投入する予定でサンプルの発送件数が大幅に増える一方、香川さんには他の重要業務を任せられることが予想されるためです。

香川さんは、社内の情報システム部門と連携して、半年後、サンプル発送業務の自動化を実現しました。自動化によって、サンプル発送のミスは完全になくなるとともに、業務は大幅に効率化しました。

この「サンプル発送業務の自動化」は、大きな効果が得られたという点で「指示文書の記入間違い」よりもさらに良い問題です（問題というより課題ですが）。

●見える問題・探す問題・創る問題

ＰＤＣＡでテーマ選定では、ビジネスや家庭・プライベートをより良くする良い問題を取り上げることが大切です。

さまざまな問題から良い問題を取り上げるには、見える問題・探す問題・創る問題という視点を持つと良いでしょう。

	発生	認識
見える問題	○	○
探す問題	○	×
創る問題	×	×

●見える問題
すでに発生し、明確に認識できている問題。

香川さんの場合、「サンプル送付先の間違い」

●探す問題
すでに発生しているが、まだ明確に認識できていない問題。

「指示文書の記入間違い」

●創る問題
まだ発生していないが、将来のために主体的に設定する問題。

「サンプル発送業務の自動化」


会社の通常業務や家庭生活では、どうしても見える問題の対処に重点が置かれます。問題の火の手が上がっていたら、何はともあれ迅速に対処し、被害拡大を食い止めなければいけません。

ただ、見える問題は、よく〝原状回復型の問題〟と言われるように元の状態に戻るだけで、解決しても会社や自分にとってプラスにはなりません。ビジネス・家庭・プライベートを良くする良い問題は、上の区分では探す問題や創る問題です。

ＰＤＣＡのテーマ選定では、探す問題や創る問題を探すようにします。

あるべき姿を想定する

見える問題は、目の前にあるのですぐに気付きます。気づかなくても、上司・顧客・家族などから「お願いしたのと違うサンプルが届いているんですが…」といった指摘や解決の要望を受けます。探す問題は、「おかしい！」と思ったことの原因を探る姿勢・習慣があれば、見つけ出すことができます。

一方、創る問題は、簡単に把握することはできません。見える問題・探す問題と違って、まだ発生していないからです。

創る問題を把握するには、あるべき姿や〝そもそも〟を想定するようにします。

「理想の組織とは、どういう組織だろうか？」

「お客様は、そもそもわが社に何を求めているのだろうか？」

「家族のあるべき関係とはどういうものだろうか？」

現状をひとまず脇に置いて、こうしたあるべき姿や〝そもそも〟を思い描くことで、創る問題を見つけ出すことができるのです。

第2条 キャリア目標を鷹揚に考える

●キャリア目標に注目が集まる

PDCAでは、色々な目標を取り扱いますが、ビジネスパーソンにとって最も重要な目標は、おそらくキャリア目標でしょう。

キャリア目標とは、人生、とくにビジネスライフにおいて、いつまでに何を実現したい、どういう経歴を歩みたいという目標のことです。キャリア目標を達成するために、キャリアプランを作成します。

最近は、中高年ビジネスパーソンのキャリアが注目を集めています。

日本人の寿命がどんどん伸び、近い将来100歳まで生きるのが当たり前になろうとしています。

一方、企業の定年は現在60歳とか65歳で、定年後に30年、40年という長い老後が待っています。

豊かで充実した老後を過ごすためには、定年が近づいてから大慌てしてもいけません。50歳くらいから定年後を意識してキャリア目標を持ち、計画的に定年後の準備を進めることが重要だと言われます。

ただ、キャリア目標やそれを実現するためのキャリアプランがより問題になるのは、20代の若手や30代の中堅でしょう。前途が大きく広がっている若手・中堅は、どういうキャリア目標・キャリアプランを持つかによって、その後の人生がまったく違ってきます。

●若手のキャリアは不確実性が大きい

目標や計画を持たず風任せというのが好ましくないことは言うまでもありません。ただ、目標・計画を持てばなんでも良いというわけでもありません。

若手のキャリア目標・キャリアプランには、中高年にない独特の難しさがあります。それは、将来の不確実性が大きいことです。

若手は、仕事でさまざまな経験を積みます。また、色々な人と出会い、薫陶を受けます。本との出会いもあるでしょう。こうした経験・人や本との出会いから大きく成長します。

問題は、これからどういう経験・どういう出会いがあるかわからないので、どういう方向に成長していくのか、予測が困難なことです。どう成長するかわからないから、どうキャリアを描いて良いのかわからないのです。

●キャリアに対する狭い見方

私の長女は現在大学生ですが、大学が学生に対して行う就職指導では、「自分の強みや弱みを冷静に把握し、強みを生かせる職業を選びましょう」という指導が行われています。社会人向けのキャリア研修でも、だいたい同じようなことが教えられているようです。

若手ビジネスパーソンにキャリア目標を尋ねると、これまでの経験を生かしていこう、現在の強みを伸ばしていこう、という意見を聞きます。

「私は会計に興味があり、学生時代に会計を学びました。入社後は経理課に配属され、決算処理を担当してきました。今後は、これらの知識・経験を発展させ、さらに専門性を深め、会計のスペシャリストとして貢献していきたいと思います」

しかし、この経理マンは今後、会計以外にも色々な経験をし、色々な能力を伸ばしていくことでしょう。実は起業家としての才能があった、法律の方がより自分に向いていた、ということがありえます。会計以外にも前途が大きく広がる中、会計に特化することが本当に良いことなのか、たいへん微妙です。

若手が真剣にキャリアを考えれば考えるほど、自分の好きなこと、限られた経験の中で感じた得意なことをどういかしていくか、というスペシャリスト的な発想になりがちです。結果として、大きく広がる将来の成長の可能性を考えると、視野の狭いキャリア目標になってしまうのです。

●計画的偶発性理論の教え

好きなことをやる。得意なことをやる。もちろん、悪いことではありません。

ただ、同時に、大きく広がる将来の可能性の芽を積んでしまうことがないようにしたいものです。

若手がキャリアについて考えるときに有効なのが、クランボルツらの計画的偶発性理論です。計画的偶発性理論（Planned Happenstance Theory）とは、キャリアについて決めつけず、偶然によるチャンスを見逃さず、取り込んで可能性を広げていこうという考え方です。

さまざまなチャンスをキャリアの糧とするよう、チャンスを認識し、呼び込み、作り出し、生かしていくべきです。クランボルツは、そのために、次の5つのスキルが必要だとしています。

①好奇心…常に新しい学びの企画を探求していくこと
②持続性…挫折することがあっても、努力をやめないこと
③柔軟性…物ごととの関わり方や自分の活動環境の変化をいとわないこと
④楽観主義…新しい機会や選択肢に積極性や実現可能性を見出すこと
⑤リスク・テイキング…結果が不確かであってもやってみるという姿勢

簡単に言うと、「若手の皆さんは色んなチャンスがあります。キャリアについてあまり思い詰めるのではなく、鷹揚に考え、好奇心を持って、積極的にキャリアの幅を広げていきましょう」ということです。

第3条 パレートの法則を意識する

●100%の完成度を求めるべきか？

Do実行では、予定していた実行項目を100%やり切ることが達成ではない、とPART4で紹介しました。100%の実行にこだわって実行できず、挫折感を覚えるのは、精神衛生上は良くありません。

また、そもそも100%やり切るのが良いことなのか、という疑問があります。

事務機器メーカーで営業担当をしている青井さん（仮名）は、お客様向けの大事なプレゼンテーションをする予定です。

プレゼンテーション資料の作成は、大きく以下の3つの作業があり、全部で10時間かけて準備するとします。

①何をどういう順序で説明するかというストーリーを作り

②必要な情報を収集し

③スライドを作り込む

青井さんは、この①②③それぞれについて、大筋のストーリーを作る、最低限の情報を集める、大まかなスライドを作る、という作業を2時間で終えました。そして、残りの8時間で、詳細なストーリーの作成、参考情報の収集、スライドの体裁を整える、という完成度を高める作業を行いました。

ここでもし、お客様が「そんなに丁寧ではなくて、ポイントがだいたい掴めれば結構ですよ」と言ってきたらどうでしょうか。１００％の完成度ではなく、80％とか60％とか低くても良いなら、青井さんの作業時間はかなり短縮されます。

費用対効果を考えると、１００％の完成度を追求するのは、必ずしも良いことではないのです。

パレートの法則

全体の数値の大部分は、全体を構成するうちの一部の要素が生み出しているという理論をパレートの法則と言います。80：20の法則とも呼ばれます。

青井さんのように、仕事の成果の8割は費やした時間全体のうちの2割の時間で、残りの2割の成果は8割の時間で生み出されます。

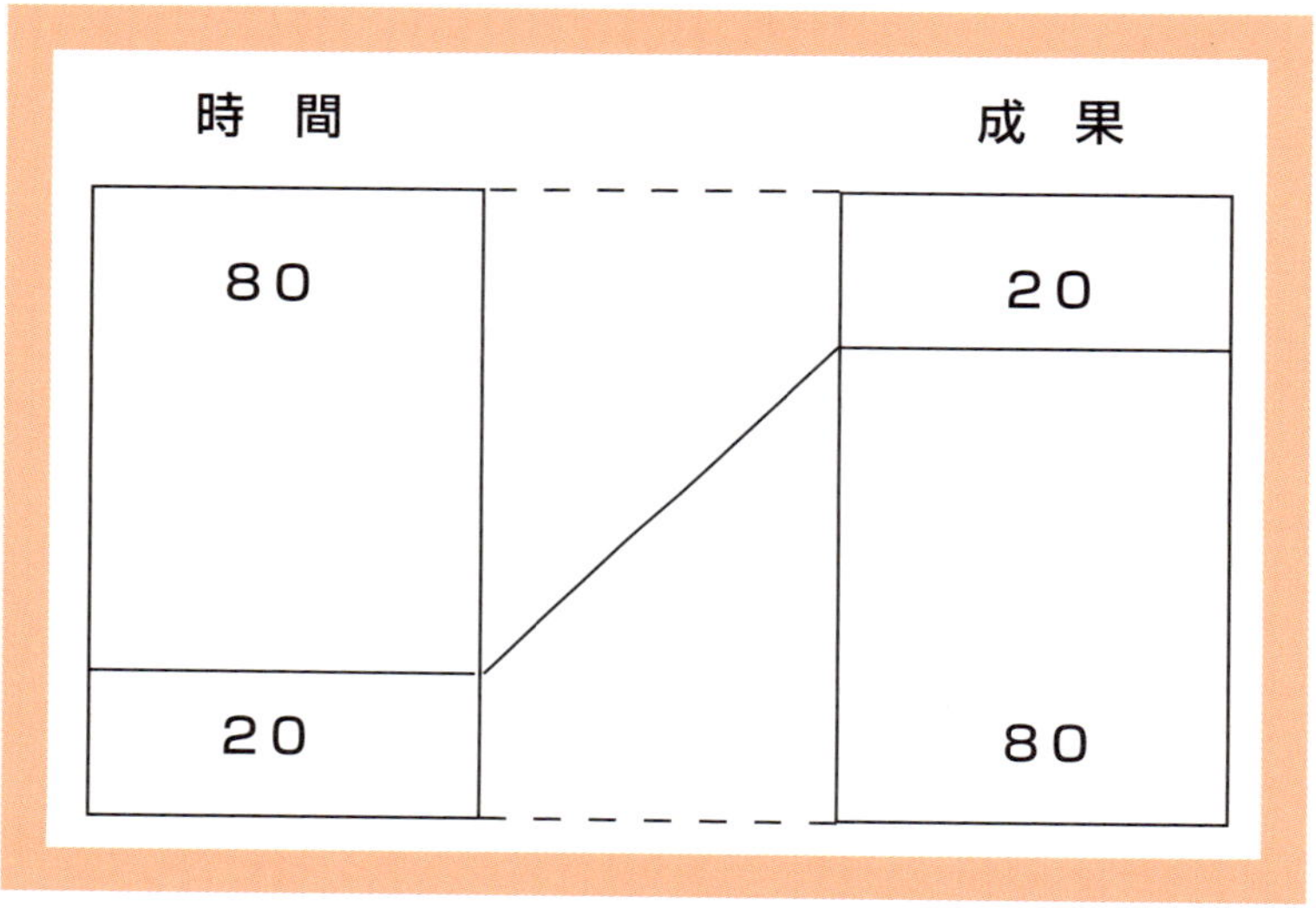

お客様が8割の完成度で納得してもらえたら、たった2時間で済むということです。

よく、「資料の細かい表現・体裁を見直していたら、いつの間にか深夜になっていた」ということがあります。

最近、社会問題になっている長時間労働・深夜残業の一つの大きな原因は、細部まで高い完成度を求める日本独特の仕事のやり方にあります。仕事の完成度を少し妥協するだけで、労働時間はかなり短縮されることでしょう。

日本人はまじめなので、仕事の完成度を下げることには抵抗感を覚えますが、真剣に考えるべき課題です。

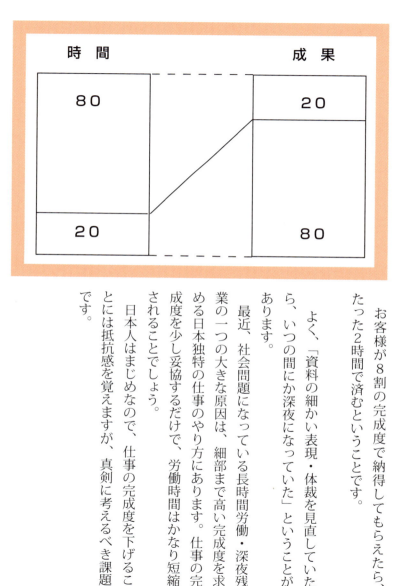

第4条 時間管理に卓越する

●時間の確保がポイント

ＰＤＣＡを回して成果を実現するには、色々なリソース（資源）が必要になります。そして、忙しい現代人にとって、最も重要なリソースが時間です。多くの場合、十分な時間を確保できるかどうかが、目標を達成する上でポイントになります。

ＰＤＣＡの達人は、時間管理の達人でもあります。時間管理について意識が高く、独自の時間管理方法（メソッド）を確立し、着実に実践しています。

時間管理・時間術はそれだけでも本１冊になる大きなテーマで、さまざまなノウハウがあります。また、一般論にはあまり意味がなく、自分の実情に合った自分なりの時間管理方法を確立する必要があります。

ここでは、ビジネスパーソンがＰＤＣＡを回す上で共通する課題として二つだけ。すき間時間・こま切れ時間の活用とプライムタイムの活用について考えてみましょう。

●すき間の時間を使う

日本の職場では、30分とか1時間つづけて集中して業務に取り組むことはまれです。電話がかかってきたり、上司から「ねぇ、例の件だけど」と声をかけられたりして、自分の業務を中断することを余儀なくされます。職種にもよりますが、10分くらいの単位で仕事をしているのではないでしょうか。

職場を離れても、時間確保は大きな課題です。日本では夜の付き合いなど就業後の拘束時間や通勤時間が長いですし、家事・用事もありますから、自宅でまとまった時間を確保するのは容易なことではありません。

図書館や喫茶店に寄るといった努力は必要です。ただ、ビジネスパーソンは職場や通勤電車で過ごす時間が長いので、職場内でのこま切れ時間や通勤時間など空き時間をどう活用するかを考えます。

●すき間時間に備えておく

すき間時間・こま切れ時間ができても、「さて、何をしようかなぁ」と考えているうちに時間が過ぎてしまうことが多いのではないでしょうか。そうならないためには、事前に備えておくことが重要です。

まず、一日のうち、だいたいいつ頃、どれくらいの長さのすき間時間が出てきそうか、見積もっておきます。大まかな予測で構いません。

次に、すき間時間・こま切れ時間で実施するタスクを用意しておきます。たとえば、英語の学習をする場合、

「5分間で、気になっているスラング（俗語）をネットで調べよう」

「10分間で単語・例文の暗記をしよう」

「15分あたったら、今週のニューズウィークを読もう」

という具合です。

そして、「朝の通勤電車の中では10分使って単語・例文を暗記しよう」と決めます。

そのためには、タスクを細かく分割しておく必要があります。117ページでタスクを細分化すると着手するのが容易になると述べたのは、こういう理由です。

●プライムタイムを意識し、活用する

時間管理でもう一つ心掛けたいのが、プライムタイムの活用です。

プライムタイム（prime time）とは、最高の時間、個人で言うと、一日のうち最も調子の出る時

間ということです。

一日中、朝から晩まで絶好調という人はまずいません。よく朝型人間・夜型人間と言われるように、時間帯によって調子が出る・出ないという波があります。調子の出る時間帯がプライムタイムで、これを有効活用するよう心掛けます。

基本は、プライムタイムに重要なことに取り組み、プライムタイム以外で重要でないことをこなします。

たとえば、朝型人間の商品開発担当者が、重要な業務の「商品のコンセプトメーキング」とあまり重要でない「メールの処理」という仕事をするなら、
朝　↓「商品のコンセプトメーキング」

午後↓「メールの処理」

と割り振ります。

「当たり前でしょ」と思うかもしれませんが、意外と自分のプライムタイムをわかっていなかったり、わかっていても徹底できていなかったりします。

まず、自分のプライムタイムを掴むことから始めて、限られた時間を有効に活用するようにしましょう。

第5条 モチベーションを維持し、高める

●モチベーションがパフォーマンスを決める

Do実行では、モチベーション（motivation 動機づけ）の維持・向上が問題になります。人のパフォーマンスは、以下の公式で決まります。

パフォーマンス＝ベクトル×能力×モチベーション

ベクトルとは活動の方向性のことです。注目してほしいのは、この三つの要素が掛け算になっているということです。

能力の高い人が意欲的に取り組んでも、間違ったベクトルでは成果は出ません。ベクトルが正しく、意欲的に取り組んでも、能力がなければ成果が出ません。ベクトルが正しく、能力が高い人でも、モチベーションが低いと成果が出ません。三つのどれか一つでもゼロになると、パフォーマンスはゼロになってしまうのです。

ＰＤＣＡのＤｏでとりわけ大切なのがモチベーションです。

実行が順調に進んでいるうちは問題ありませんが、活動が滞り、成果が出なくなると、モチベーションが落ちてきます。モチベーションが下がると、さらに活動が停滞し、さらに成果が出なくなり…と悪循環に陥ってしまいます。

逆にＰＤＣＡの達人は、モチベーションを維持することによって、ハイレベルな活動を維持し、成果を実現しています。また、自分だけでなく関係者のモチベーションを上げることにも卓越しています。

●モチベーションの源泉を熟知する

では、モチベーションを維持・向上させるためにはどうすれば良いでしょうか。

まず、自分のモチベーションがどういう要因によって生まれているかを知る必要があります。

モチベーションは、次の四つの要因から生まれます（ビジネスを想定して説明）。

- ●環境…労働時間・職場環境など物理的環境と人間関係など非物理的環境
- ●仕事…やりがい・好き嫌いなど仕事の内容と目標の達成可能性
- ●評価…能力・行動・業績に対する評価

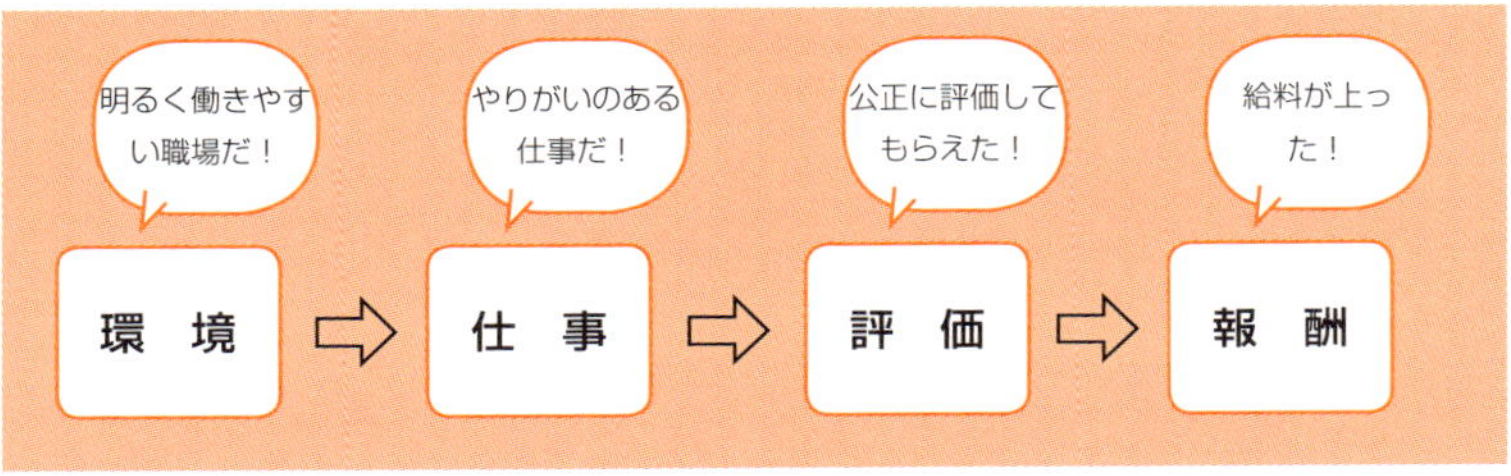

●報酬…給与・ボーナスなど金銭的報酬と表彰など非金銭的報酬

以下の質問を自分に発して、どの要因によってモチベーションを上下しているかを確認します。

「自分は何のために仕事をしているか？」
「どういうときに最もやる気が増すか？」
「どういうときにやる気を失ってしまうか？」

経営学者や心理学者は、「モチベーションアップで大切なのはこれだ！」と自説を主張します。

しかし、四つのどの要因を重視するかは、本当に人それぞれです。

「好きな仕事なら24時間でも48時間でもウェルカムです」
「明るく温かい職場環境が何より大切」
「金のためなら何でもします」

一般論はさておき、自分にとっての重要な要因を探り出す必要があります。

●モチベーションのバランスが重要

つづいて、「環境」「仕事」「評価」「報酬」それぞれの充足度合いを確認します。

会社がモチベーションについて調査していたり、給料・ボーナスなど数値的に他社・世間と比較できる項目もあります。

ただ、あくまでも大切なのは、自分自身の感じ方です。

たとえば、世間から見て長時間労働でも、非常に明るくコミュニケーションがよく、長時間労働でもあまり苦にならないということはあります。

最終的に、自分がモチベーションの要因として重視していて、充足されていない要因について、改善の手を打ちます。

本書では、繰り返し重点化ということを述べてきました。ただ、モチベーションに関しては、バランスも重要です。

つまり、仕事の内容が何より重要という人が充実した仕事をしていても、何日も深夜残業が続いたら体調を悪くしますし、あまりに安月給だと家族に迷惑がかかります。

重点化ももちろん大切ですが、四つの要因すべてについて最低限大きな「穴」のない状態にしておくことは大切です。

第6条 最高の集中力を発揮する

●習慣化と集中力

ここまで、ＰＤＣＡでは習慣化がカギだと述べてきました。とくに意識しなくても自然にできる状態が習慣です。語学の習得や難関資格の受験勉強のように長期間を要するテーマについては、朝の挨拶と同じように習慣化できるかどうかが成功のカギになります。

しかし、ときには、「よし、やるぞ！」と強く意識し、ガッと集中して取り組む場面があります。中学生・高校生の頃、試験前に一夜漬けでガッと取り組んだ経験が誰しもあろうかと思います。普段から着実に勉強するのが好ましいですが、費用対効果という点では、直前に一夜漬けした方が効率的とも言えます。

また、新商品のコンセプトを考えるような創造的作業では、平均的な力で長期間取り組むよりも、短期間で集中して取り組んだ方が良い成果が生まれます。

つまり、ＰＤＣＡでは、習慣化が基本になるものの、集中的に取り組むことが有効な場面もあり、両方を使い分ける必要があるということです。

●人は集中するのが苦手

集中力についてまず確認しておきたいのは、人は基本的に集中するのが苦手だということです。人間が一つのことに集中できるのは、せいぜい50分程度だそうです。たまに1時間以上集中できる人もいますが、実際には途中で何度か集中力が途切れていて、それを他人に気づかれないようにごまかしていることが多いのではないでしょうか。

集中力が途切れると、普通「まずい」と感じます。とくに目標達成への意識が高い人ほど、「頑張ってもう一度集中しなくちゃ」と思います。しかし、人間の特性からして、集中する時間を伸ばそうとするのは、あまり効果はありません。

それよりも、たとえば業務に50分取り組んで集中力が落ちてきたら、無理せず10分休憩を取ります。そして、気分をレフレッシュして再び50分業務に取り組むようにします。

そのためにはまず、自分が集中できる時間を把握しておく必要があります。

50分が限度なら、「50分業務」→「10分休憩」→「50分業務」→「10分休憩」と繰り返します。

20分が限度なら、「20分業務」→「5分休憩」→「20分業務」→「5分休憩」と繰り返します。

自分の集中力が持続する限界を知り、無理をしないことです。

●短い時間を活用する

中には、10分、いや3分しか集中できないという人もいるでしょう。上司から「キミって飽きっぽいねぇ」と言われているかもしれません。しかし、集中する時間の長さを気にする必要は、まったくありません。

発明王エジソンは、幼いころ集中するのが苦手で、５分と集中が持ちませんでした。本を読んでも数分で投げ出して、次のことを始めてしまいます。

ここでエジソン少年のお母さんは、「どうして最後まで読まないの？」とは言わず、算数の計算問題を与えました。そして、算数が3分で飽きたら次はまた別のことをさせました。

結果的に、集中力のなかったエジソン少年の方が、集中力のある他の子供たちよりも、はるかに多くのことを学んだのです。

当たり前ですが、学力を決めるのは、１回当たりの勉強量でなく、全体の勉強量です。50分間続けて勉強して50のことを学んでも、10分間刻みの５回で各10ずつ、合計50（＝10個×５回）学んでも、学習効果は同じです。

エジソンのお母さんが偉かったのは、飽きっぽいエジソン少年の性格を把握し、無理をさせなかったこと、そして、飽きたら次にやるべきことをたくさん用意していたことです。

飽きっぽい人でも、気にする必要はありません。ただ、「ああ、飽きちゃった」とボーっと時間を浪費するのは避けましょう。そのためには、短時間でできる事がらを用意しておきます（120ページ参照）。

集中の質を高める

集中する時間の長さは大きな問題ではありません。集中して何を生み出すかが問題です。

一口に集中と言っても、レベル差があります。とりあえず他のことはしていませんという状態から、頭から足先まで全神経を研ぎ澄まして一つのことに取り組むという状態までさまざまです。もちろん、望ましいのは、後者です。集中の質です。短時間でも良いので、ぐっと集中するようにしましょう。

集中の質を高めるには、以下の２点に注意します。

①複数のことに同時に取り組まない

集中とは、一つ（少数）のことに取り組むことです。人間は、複数の事がらに同時に取り組むと、極端に集中力が低下します。二つのことをやるなら、別個に時間をとって取り組むようにしましょう。

一つの大きなテーマでも、複数の小さなタスクに分けるようにします。とくに、発散的思考は右脳、収束的思考は左脳という脳の別の場所を使うので、発散系のタスクと収束系のタスクを分けるようにします。

たとえば、「新サービスのコンセプトメーク」というテーマについて、「情報の分析」「アイデア出し」「評価・決定」という三つのタスクがあります。ここで「情報の分析」と「評価・決定」は、すでにある情報・アイデアを整理・評価するので収束系の作業、「アイデア出し」は色々なアイデアを幅広く出そうということなので発散系の作業です。

②集中を妨げる要因を排除する

かなり集中力が高い人でも、タスクに取り組む環境が悪化すると、集中が途切れてしまいます。職場でも家庭でも、集中を妨げる環境要因があれば、できるだけ排除するよう努めます。

まず、他人から隔離された場所を確保しましょう。日本のオフィスは、物理的に集中するのが難しく、諸外国に比べてオフィスワークの生産性が低いのが実態です。仕事をしていると、上司から声を掛けられたり、電話や急な連絡が入ってきたりして、10分と集中できません。

個室で仕事をするのが理想ですが、難しいなら、「集中してやりたいことがあるんで、5分だけ電話を取り次がないでください」と周りのメンバーに声を掛けておくのは一法でしょう。

音も重要です。うるさ過ぎるのは論外ですが、まったく音のない状態だとかえって落ち着かなかったりします。ＢＧＭを流すなど、自分に合った工夫をします（オフィスでは自分の思い通りに環境設定するのは難しいですが）。

第7条

他人と協力して大きなことを成し遂げる

●マネジメントの達人になる

どんなに優秀な人でも、自分一人の力で達成できることには限度があります。大きな目標を実現したいなら、他者の協力を得る必要があります。

自分の能力には自信があるという人でも、いえ逆に自分の能力に自信がある人ほど、他人の協力を得て共同作業をするのが苦手だったりします。

「他人に頭を下げて頼むのは面倒だ」

「自分でやってしまった方が手っ取り早い」

これでは、小さなことしか成し遂げることができません。

ＰＤＣＡの達人は、他者の協力を得て目標を達成するマネジメントの達人でもあります。とくにビジネスで新規事業や組織改革といった大きなプロジェクトを成功させるのは、間違いなくマネジメントの達人です。

目標・計画を伝える

他人の協力を得るには、まず、目標・計画が魅力的でなければいけません。魅力的な目標・計画とは、相手にとってメリットがあることです。わたしたちは、自分のメリットを中心に目標・計画を考えますが、協力を得るには相手にメリットを与える必要があります。

ただ、魅力的な目標・計画なら無条件に他者の協力を得られるかというと、そういうわけではありません。目標・計画をわかりやすく伝え、納得してもらう必要があります。内容・進め方だけでなく、背景や想いなども伝えます。

目標・計画を協力者に伝えるときには、以下の３点を心掛けます。

①自分の言葉で伝える

過度に形式ばった表現やマスコミなどで言われている流行語の受け売りでは、相手の心に響きません。自分が目標にどういう想いを持っているのかを、少々拙い表現でも良いので、自分の言葉で伝えましょう。

②フェイス・トゥ・フェイスで伝える

内容・進め方を伝えるだけなら、電子メールで済みます。しかし、よほど文章力のある人でない限り、文章では想いまでは伝わりません。

また相手の気持ちや伝えたことへの反応もわかりません。フェイス・トゥ・フェイスで、相手の想いもくみ取りながら伝えるようにします。

③繰り返し伝える

複雑な目標や相手が積極的に望んでいない目標は、一回伝えるだけではなかなか納得してもらえません。しつこいくらい繰り返し伝えるようにします。

●ほうれん草のおひたし

目標・計画に納得してもらったら、協力してD・C・Aに取り組みます。

ここでもコミュニケーションが大切です。メンバーとして共同作業に取り組む場合、上司や他メンバーにこまめに報告・連絡・相談します。いわゆる報連相（ほう・れん・そう）です。

順番的には、相談・連絡・報告（そう・れん・ほう）です。

①相談する

始める前に上司や他メンバーとしっかり相談します。

②連絡する
業務の進捗を連絡し、共有します。
③報告する
結果を報告します。

上司の立場で部下から報連相を受けたら「おひたし」に注意します。
「おひたし」はあまり一般的ではありませんが、怒らない・否定しない・助ける・指示するの略です。

①怒らない
報連相してきた部下に上司が「どうしてできないんだ」「そんな大事なことをどうして黙っていたんだ」と怒ると、部下は委縮して報連相を躊躇するようになってしまいます。できるだけ平静を保ち、部下の報連相に耳を傾けます。
②否定しない
部下がやったことが１００％悪いわけではないでしょう。今後の前向きな行動を引き出すには、部下の失敗を全否定せず、まず良いところを指摘し、自発的に悪いところに着目してもらうようにします。
③助ける

部下が困っていたら、必要に応じて手助けしてあげます。

④ 指示する

どのように改善し、行動するべきか、具体的に指示を出します。ただし、③と④では部下が上司依存にならないよう、相談を受けたらまず考えさせる必要があります。

●ネットワークを形成・維持する

ところで、他者に協力を求めるといっても、協力が必要になったとき、都合よく協力を得られるとは限りません。

いざというとき大慌てしないためには、普段から人的ネットワークを形成しておきます。しかも、名刺の数が多いというだけではダメで、気軽に協力をお願いできるような〝アクティブな（生きた）関係〟を維持する必要があります。

ＰＤＣＡの達人というと、目標に向かって黙々と一心不乱に努力するタイプを思い浮かべるかもしれませんが、実際は多彩なネットワークを持つ、ネットワークの達人が多いようです。

人的ネットワークを形成・維持・活用するには、どうすればいいでしょうか。３点だけポイントを紹介します。

①自ら交流機会を作る

社外の交流会などがあったら積極的に参加します。人を紹介されたり、面会を依頼されたら、実際に会うようにします。

ＳＮＳももちろん有効ですが、実際に会ってみると、色々な発見があります。

できれば、自ら交流機会を作るようにします。他人が作った交流機会だと、他人の嗜好・考え方に自分が合わせることになります。それに対し、自分が交流機会を作ると、自分の嗜好・考え方に合った人に出会うことができます。ネットワークの質が断然高まります。

最初は、学校時代の同窓生と集まるような気軽な形で構いません。集まることに慣れてきたら、徐々に範囲を広げて行きます。ネットワークづくりも、やはりスモールスタートです。

②質をあまり意識しない

ネットワークづくりは、メールや手紙で連絡を取ったり、スケジュール調整したり、会場を手配したり、とそれなりに面倒です。お金もかかります。そのため、ネットワークの質を重視し、目標達成の役に立ちそうな必要最小限の人とだけ交流しようと考えがちです。

たしかに、結果だけ見ると、役に立つ人とだけ付き合うのが最高に効率的です。しかし、実際にある人が自分にとって役立つかどうかは、その場面になってみないとわかりません。相手のことをよく知らない出会いの段階では、将来役に立つかどうか不明です。

とくに初期段階では、あまり質を意識せず、可能な限り色々な人に交流すると良いでしょう。まず会ってみて、「この人とはお付き合いしても意味がないな」と感じたら、放置すれば良いのです。

③ 自己開示し、発信する

せっかく色々な人と知り合っても、連絡を取らないとネットワークが死んだ状態になってしまいます。

職場でも、家族でも、恋人同士でも、人と人の親密さは、コミュニケーション量に比例します。ネットワークをアクティブな状態で維持にするには、こまめに連絡を取ってコミュニケーション量を増やすよう心掛けます。すごい文書でなくても、フェイスブックの投稿に書き込むなど、ちょっとしたメッセージでも構いません。

連絡する際、自分自身のことを発信すると良いでしょう。

心理学で自己開示と言います。自分の生活で起きた変化、世の中の出来事について考えていることなど、ほんの一文でも書き添えるようにします。自己開示すると、相手との親密さが増すと同時に、相手の自分に対する理解が深まります。

第8条 幸運を自覚しよう

●予想外にうまく行ったら

Ｃｈｅｃｋ評価について、期待通りの成果が出ていない場合、もちろん丁寧に原因分析し、対応策を検討・実施します。ただ、ＰＤＣＡの達人は、大きな成果が出ている場合でも、しっかり評価・改善を行います。

大きな成果が出た場合、「ラッキー！　いいぞいいぞ」ということで、どうしても評価に目を向けなくなります。

たとえば、工場の作業担当者が想定より不良品の数を減らしたとします。しかし、検査・確認作業を標準よりもかなり念入りにやって、必要以上の手間・コストを掛けた結果でした。

オフィス装飾品メーカーの営業担当者が、想定より大きな売り上げ実績を上げました。しかし、たまたま大口顧客が事務所の移転をしてまとまった注文が入っただけで、これ以外の売上は減少していました。

結果が良かったからといって安心せず、悪かった場合と同じように評価・改善を行う必要があります。

●幸運が成功要因

結果が良かった場合、幸運の影響を確認する必要があります。

何か大きなことを成し遂げると、「俺の努力が実った！」「私ってやっぱり才能あるなぁ」と思います。私も、株で3回くらい続けて勝つと「俺って天才？」とほくそ笑みます。

しかし、成功・失敗という結果に対し、人の努力・能力よりも幸運・不運の与える影響の方が大きかったりします。

警備保障最大手のセコムは、飯田亮さんが1962年に創業しました。創業2年後の1964年に東京オリンピックの選手村の警備を受注し、事業発展の礎を築きました。

ここで、「はて？」と思うのは、どうして創業2年目の会社に国家的なイベントの警備を任せたのか、という疑問です。

答え簡単。当時、日本にはセコム以外に警備保障会社がなく、セコムに依頼するしかなかったのです。飯田さんは依頼をいったん断っているとおり、東京オリンピックの受注はまったくの偶然でした。

もしセコムが2年遅く1964年に創業していたら、東京オリンピックに間に合わず、受注できません。かといって2年早く1960年に創業して成功していたら、大手資本が続々と警備保障ビジネスに参入し、受注は難しかったことでしょう。

2年遅くても、2年早くてもダメで、1962年というタイミングで創業したという幸運が、セコムの重大な成功要因なのです（幸運はセコムの成功要因の一つであり、幸運だけで成功したと言っているわけではありませんので、悪しからず）。

「幸運なかりせば」を考える

幸運は、そう何度も続くものではありません。成功したとき、自分の努力・能力にしか目を向けない人は、幸運が訪れない次の普通の状態では、あえなく失敗してしまいます。

逆に、想定以上の成功を収めたとき、幸運の影響を客観視して、「幸運がなかったらどうだっただろう？　はたして成功しただろうか？」と考える人は、評価・改善を次のＰＤＣＡに生かせます。当然、次も成功する確率が高まります。幸運があってもなくても、成功できるようになります。

幸運を客観視する冷静さと謙虚さを持つことが、長く着実に成功を重ね、人生全体の成功をもたらすことになるのです。

第9条 合理的に目標を断念する

●PDCAの顛末

ここまで、PDCAで目標を達成し、思い通りの成果を実現するためのノウハウを検討してきました。ただ、大きな、困難な目標の場合、簡単に目標を達成することはできません。

上司・ビジネス書作家・コンサルタントは、目標をなんとしても達成するよう発破をかけます。

「目標を達成するまで、粘って粘って粘り抜け!」

「エジソンを見習って、試行錯誤を千回繰り返せ!」

しかし、現実問題としては、目標をあきらめるケースも出てきます。PDCAの顛末は、見事に目標を達成するよりも、目標を断念して終わることの方が圧倒的に多いのではないでしょうか。

●目標の意味がなくなる

では、どういう状態になったら目標を断念するべきでしょうか。

二つケースがあります。

一つは、目標を達成しても意味がないと判明した場合です。

福沢諭吉は、中津藩の下級藩士の家に生まれました。蘭学の道を志して、当代随一の蘭学者・緒方洪庵の適塾の門を叩きます。猛勉強の末、入塾わずか2年で塾頭になりました。

ところが、幕末も近い１８５９年、開港直後の横浜を訪ねたところ、居留地の外国人にオランダ語が通じません。看板の字もまったく読めません。世界では、もうオランダ語はほとんど使われておらず、英語が国際共通語になっていたのです。

福沢は、即座に蘭学の道をあきらめ、英学者に転向しました。

われわれが生きる現代は、福沢が生きた明治維新と同じくらい変化の激しい時代です。とくに、ＩＴのような技術進歩の速い分野では、技術が変化し、古い技術に基づいた目標の意味がなくなることはよくあります。

●目標達成の見込みがなくなる

目標を断念するもう一つのケースは、今後、最大限の努力を続けても、目標達成が見込めなくなった場合です。

変化の激しい時代には、目指していた目標が遠ざかってしまい、達成が困難になってしまうことがあります。

私の身近な例ですが、私が中小企業診断士に合格した1995年当時、受験者数は今よりもかなり少なく、試験の難易度はそれほど高くありませんでした（だから合格できました）。ところが、その後、中小企業診断士は社会人の人気資格になり、受験者数が激増し、難関資格になりました。その昔、勤務先の同僚だった前川さん（仮名）は、私に刺激を受けて中小企業診断士の受験を志しました。しかし、会社の業務が忙しく、本格的な受験勉強と受験を先延ばししました。

20年後、前川さんは、定年が見えてきて資格取得に挑戦しようとしましたが、諦めました。試験問題を見て、「どうにも受かりそうにないので、あきらめます」とのことでした。目標が遠ざかってしまったわけです。

家庭の事情で時間を確保できなくなった、健康状態が悪化してしまった、急な出費があり金銭的に活動を続けることができなくなった、など条件が変化し、目標達成に必要な努力を続けるのが難しくなってしまうこともあります。目標が遠ざかるよりも、こちらのケースの方が多いかもしれません。

「サンクコストを忘れろ」

目標を引き続き追い求めるか、あきらめるか。この判断で大切なのは、目標達成のためにこれまで費やした努力は、サンクコストとして忘れ去ることです。

サンクコスト（sunk cost 埋没費用）は会計用語で、すでに支出されていて、今後の意思決定に影響を与えない費用のことです。

長年の勉学が水の泡になって落胆した福沢諭吉ですが、嘆き悲しんだのは横浜を訪問したその日だけ。

翌日江戸に戻ると、さっさと蘭学を捨て、英語の学習を始めました。

英蘭辞書を頼りに猛勉強で早々に英語をものにして、勝海舟らと咸臨丸に乗ってアメリカ訪問を果たしました。そして、世界の動向や新しい科学思想を日本に紹介し、明治を代表する言論人・教育家になりました。

幕末、多くの蘭学者が活躍しましたが、明治維新後さらに活躍の場を大きく広げたのは、福沢ただ一人です。

大半の蘭学者は、明治維新とともに、すっかり〝過去の有名人〟になってしまいました。福沢と大半の蘭学者との違いは、蘭学の習得をサンクコストと考えることができたかどうかです。

「サンクコストを忘れろ」は、管理会計の最も重要な教えの一つです。

蘭学をサンクコストとしてさっさと忘れて英学に転向した福沢は明治維新後に大活躍しましたが、サンクコストに囚われて英学に転向しなかった大半の蘭学者に活躍の場はありませんでした。

●将来のメリット・デメリットを考慮する

私たちも、これまで投じた費用や努力を意識して、達成する見込みのない目標をあきらめきれないことがあります。

「税理士受験のためにこの3年間、家庭サービスを犠牲にして勉強してきたんだから、今さらあきらめられない」

しかし、3年間勉強したことも、家庭サービスを犠牲にしたことも、サンクコストです。サンクコストは、意思決定で考慮してはいけません。残酷な話ですが、30年間勉強しても、家庭が崩壊してもサンクコストであり、「終わったことは忘れる」必要があるのです。考慮するべきは、以下の2つ。

A・今後どれくらい勉強したら合格できるか（コストやデメリット）
B・合格したらどれくらいのメリットがあるか（ベネフィットやメリット）

A＞B　↓あきらめます
A＜B　↓続けます

もちろん、偉大な幕末の蘭学者の多くがサンクコストの罠にはまってしまったように、決して容易なことではありません。福沢のように、合理精神でサンクコストを忘れて、さっさと次の目標に向かうことができるかどうか。人生の成功と失敗を決める重大な分岐点なのです。

第10条 〝勝ちパターン〟を作る

●良かった点とは勝ちパターン

ＰＤＣＡでは、振り返り・リフレクションが大切です。ＰＡＲＴ４で紹介したとおり、しっかり振り返りをすると、次のＰＤＣＡに生かすことができます。大きな成果を実現できるとともに、自分自身がレベルアップします。

振り返りというと、どうしても悪かった点を反省して次どう生かすかに、関心が向かいがちです。

「計画がずさんで、実行段階で行き詰まってしまった」

「時間管理が甘く、スケジュールが遅れてしまった」

しかし、振り返りは、悪かった点だけを対象にするべきではありません。良かった点も振り返り、それを高めて、さらに次を生かしていくことも、同等かそれ以上に重要です。

良かった点、たとえば「今回○○○というやり方は効果的だったから、次回もしっかり生かしていこう」というのは、いわゆる〝勝ちパターン〟を確立することです。

〝勝ちパターン〟とは、勝負ごとで「こういう展開になったら必ず勝てる」という戦い方のことです。

勝ちパターンを持つと強い

勝負ごとでは、勝ちパターンを持つことが大切です。

相撲で、「どんな展開になっても柔軟に対応できそうです」という相手と「がっぷりよつ相撲になれば絶対に負けない」という勝ちパターンを持っている相手では、戦うならどちらが怖いでしょうか。勝ちパターンを持っている相手の方が、「がっぷりよつに組み止められたら困るなぁ」と恐怖感を覚えるのではないでしょうか。

これは、相撲のような勝負ごとだけでなく、すべてのことに当てはまります。ビジネスでも、趣味でも、投資でも、勝ちパターンを持っていると、断然有利です。

私の知人に、相続税専門の税理士がいます。彼は、「都市部で土地を保有する同族企業の事業承継に強い」ことが自慢です。

一般に税理士は、所得税・法人税・相続税のアドバイス、企業・事業主の記帳代行など実に幅広い業務を行います。しかし、私の知人は、色々な税金の中でも相続税、その中でも事業承継、その中でも「都市部で土地を保有する同族企業」に対象を絞り込んでいます。そして、絞り込んだ領域では、「誰にも負けない！」と自負しています。

その知人は、勝ちパターンを武器に大活躍し、「税金のことなら何でもご相談ください」という他の税理士と比べて、1桁大きな収入を得ています。

勝ちパターンを愚直に実践する

勝ちパターンを見つけるだけでなく、勝ちパターンに徹することも大切です。勝ちパターンを愚直に実践して世界一の成功者になったのが、アメリカの投資家ウォーレン・バフェットです。バフェットは、２００７年に世界長者番付でビル・ゲイツを抜いて1位になりました。現在87歳、資産残高は約９兆円です。

１９３０年生まれのバフェットは、11歳のときにアルバイトで貯めたお金で初めて株を購入しました。以後、株式投資だけで、世界一の資産家になりました。

バフェットの投資法は、「優良株を選び、市場の暴落につられて売り込まれたときに底値で買う」という実にシンプルなものです。

まず、コカ・コーラ、ジレットといった一般人にも理解できる優良株を選びます。次に、投資対象企業の本質的な価値を算定します。じっとチャンスを待ち、株価がリーマンショックのような市場の動揺・混乱で本質的な価値を下回ったら買います。そして、いったん買ったら、基本的に永久に保有します。

バフェットは、若い頃に著名投資家から学び、試行錯誤を繰り返し、この勝ちパターンを確立しました。そして、勝ちパターンを確立した後は、株式市場でたびたび起こるブームや世間からの批判（「どうしてＩＴ株に投資しないんだ？」など）に惑わされず、半世紀以上にわたって愚直に実践し続けました。世界一の成功者バフェットは、ＰＤＣＡを通して勝ちパターンを作り出し、ＰＤＣＡを実践し続けるのが成功の近道であることを教えてくれています。

●勝ちパターンを確立するための三つの質問

われわれは、成功を目指してＰＤＣＡに取り組みます。ただ、成功すると、「良かった、良かった」で終わってしまいがちです。

そうではなく、以下の三つの質問をしましょう。

①「今回成功した理由は何だろうか？　成功は、自分の能力・努力によるものか、幸運によるものか？」
②「自分の能力・努力、進め方のどのあたりが良くて成功したのか？」
③「成功要因は今回限りのものか、今後も長く通用しそうか？」

一つ目の質問で成功が幸運のお陰でないことがわかり、二つ目の質問で明確な成功要因が見つかり、三つ目の質問に自信を持って「Ｙｅｓ」と答えられるなら、それは立派な勝ちパターンです。

●勝ちパターンにこだわり、見直す

勝ちパターンが見つかったら、それにこだわり続けましょう。何事も継続が大切です。

「もっと違ったやり方も試した方が良いのかな？」「他のお客様にも対象を広げた方が売り上げが増えそうだ」と迷うことがあるかもしれません。

しかし、とりあえず、大きな壁にぶち当たるまで、勝ちパターン以外に目を向けることを控えます。大きな壁とは、勝ちパターンでやっても思うような成果が出ない状態で、障害となっている要因です。お客様のニーズが変わった、技術が変わった、など色々な要因が考えられます。

大きな壁にぶち当たったら、次の質問に自問自答します。

「勝ちパターンは今後も通用するか、もはや通用しないか？」

これまでの勝ちパターンが今後は通用しないなら、勝ちパターンによる成功も失敗も、努力や費用も、すべてサンクコストです。福沢諭吉のように、サンクコストを忘れて別の勝ちパターンを探しましょう。

勝ちパターンの確立についても、ＰＤＣＡを回す必要があるということです。

的確にＰＤＣＡを実践することで、思い通りの成果を実現することができます。

ＰＤＣＡの成功を振り返ることで、確固たる自信を得ることができます。

確固たる自信を得てさらにＰＤＣＡを実践すると、より大きな成功を得ることができ、「こうすれば絶対に勝てる」という勝ちパターンを確立することができます。

そして、勝ちパターンに徹し、それを洗練させることで、ビジネスの、人生の成功者になれます。

ＰＤＣＡは、単に成果を出し夢を実現するだけでなく、自分自身を成長させ、確立する旅なのです。

日沖　健（ひおき・たけし）
日沖コンサルティング事務所・代表、産業能率大学・講師、中小企業大学校・講師、中小企業診断士。
1965年愛知県生まれ、慶応義塾大学商学部卒。Arthur D. Little School of Management修了(MBA with Distinction)。日本石油（現・JXTG）勤務を経て、2002年より日沖コンサルティング事務所を開業。
著書は『マネジメントトレーニング77』産業能率大学出版部2016年、『マネジャーのロジカルな対話術』すばる舎2017年、『変革するマネジメント〈第2版〉』千倉書房2017年など多数。

mail : hiokiti@soleil.ocn.ne.jp

すぐやる、すぐできる人《ひと》の実践《じっせん》PDCA

2017年12月11日　　初版発行

著　者　日　沖　　健
発行者　常　塚　嘉　明
発行所　株式会社　ぱる出版

〒160-0011　東京都新宿区若葉1-9-16
03(3353)2835－代表　03(3353)2826－FAX
03(3353)3679－編集
振替　東京　00100-3-131586
印刷・製本　(株) ワコープラネット

ISBN978-4-8272-1093-4　C0034